ERA UMA VEZ FLAMENGO

ANDRÉ SALVIANO
ORGANIZADOR

ERA UMA VEZ FLAMENGO

VINTE E DOIS CONTOS EM VERMELHO E PRETO

FARIAESILVA

Rio de Janeiro, 2025

Era uma vez: Flamengo

Faria e Silva é uma empresa do Grupo Editorial Alta Books (STARLIN ALTA EDITORA E CONSULTORIA LTDA).

ISBN: 978-65-6025-114-4

Impresso no Brasil — 1ª Edição, 2025 — Edição revisada conforme o Acordo Ortográfico da Língua Portuguesa de 2009.

Dados Internacionais de Catalogação na Publicação (CIP)
(BENITEZ Catalogação Ass. Editorial, MS, Brasil)

E65
1.ed. Era uma vez : Flamengo / organização André Salviano. - 1.ed. - Rio de Janeiro : Faria e Silva, 2025.
176 p.; 13,5 x 20,5 cm.

Vários autores.
ISBN 978-65-6025-114-4

1. Literatura brasileira - Coletâneas.

01-2025/114 CDD B869

Índice para catálogo sistemático:
1. Literatura brasileira : Antologia B869
Aline Graziele Benitez - Bibliotecária - CRB-1/3129

Faria e Silva é uma Editora do Grupo Editorial Alta Books

Produção Editorial: Grupo Editorial Alta Books
Diretor Editorial: Anderson Vieira
Editor da Obra: Rodrigo Faria e Silva
Vendas Governamentais: Cristiane Mutüs
Gerência Comercial: Claudio Lima

Produtora Editorial: Milena Soares
Revisão: Alessandro Thomé
Diagramação: Junior Santos
Capa: Paulo Gomes

ALTA BOOKS
GRUPO EDITORIAL

Rua Viúva Cláudio, 291 — Bairro Industrial do Jacaré
CEP: 20.970-031 — Rio de Janeiro (RJ)
Tels.: (21) 3278-8069 / 3278-8419
www.altabooks.com.br — altabooks@altabooks.com.br
Ouvidoria: ouvidoria@altabooks.com.br

Editora **afiliada à:**

Amo o Flamengo como se fosse um pedaço
da terra onde nasci.
José Lins do Rego

Minha única vaidade é ver o Flamengo vencer.
Ronaldo Angelim

SUMÁRIO

APRESENTAÇÃO

Em um domingo, no dia 29 de novembro de 1987, eu pisava pela primeira vez no Maracanã. Três dias antes, eu completara 9 anos de idade. Morava em Nova Iguaçu, onde fui nascido e criado, e coube a um amigo da família, sem que meu pai soubesse, me levar ao Maior do Mundo. Infelizmente, já não está mais entre nós. Descanse em paz, Jorge, e obrigado pela minha estreia. Aquele Flamengo era uma seleção: Zé Carlos, Jorginho, Leandro, Edinho e Leonardo; Andrade, Aílton e Zico; Renato Gaúcho, Bebeto e Zinho. Apesar de termos esse timaço, o adversário era o favorito, por conta da campanha até ali, e por isso tinha a vantagem de dois resultados iguais nas semifinais. Mas o jogo foi bom pra gente. Lembro da emoção de ver naquele Maracanã lotado, com mais de 118 mil pessoas, a escalação do Galinho de Quintino sendo anunciada no placar eletrônico da época, fazendo sua assinatura e terminando com o número 10. Aos 33 do segundo tempo, Bebeto, com assistência de Zico, deslocava o João Leite e mudava a vantagem de lado. O tetracampeonato brasileiro conquistado pelo Flamengo em 87 foi o primeiro título que pude viver de fato, e acompanhar, do meu time de coração. Mas morando longe e de família humilde, eu só voltei ao Maracanã, e de maneira mui esporádica, nos anos 1990 e início dos 2000. Mas a relação com o time do coração era inabalável, e acompanhada muitas vezes pela Rádio Globo na voz do Garotinho, onde imaginar o que se passava por meio da acalorada narração era um delicioso exercício de fabulação. Felizmente, de 2006 para cá, o Maraca virou uma prazerosa rotina.

Outra paixão que tenho na vida é a literatura, e foi circulando e participando da cena literária carioca que percebi algo deveras interessante: a quantidade de bons escritores que estão fazendo a literatura brasileira contemporânea — alguns, inclusive, publicando por grandes editoras — e que compartilham a mesma paixão que eu: O Mais Querido! Então, em 2019, com o Flamengo tendo apenas um título da Libertadores da América, entre um lançamento e outro que ia frequentando, tive a ideia de juntar essa galera e fazer um livro de contos onde pudéssemos trabalhar esse afeto através daquilo que também muito nos apraz: produzir ficção.

Só que 2020 jogou um balde de água fria nos projetos de muita gente, e eu não passei incólume, não conseguia pensar em mais nada que não fosse sobreviver. A ideia ficou na gaveta, até que, no final de 2022, dois títulos da Libertadores depois, decidi que era hora de botar o time em campo.

Somos 22 autores, com diferentes vivências, idades, gêneros e maneiras de fazer literatura. Todos tiveram total liberdade para escolher como colocariam no papel uma representação ficcional, apesar de calcada no real, do nosso Flamengo. Essa não é uma antologia direcionada (falar sobre determinado título ou episódio predefinido pelo organizador), e o resultado foi um conjunto rico e diverso do que representa o clube da Gávea, entre afetos e desilusões. E como curiosidade, surgem diante da leitura as preferências geracionais, com alguns temas sendo mais mencionados que outros, mas sempre de uma maneira mui particular e subjetiva.

Agradeço a dois escritores, grandes rubro-negros, que tanto admiro e que ajudam a abrilhantar esta antologia com textos de orelha e quarta capa: os queridos Alberto Mussa e Ruy Castro.

Agradeço ao Arthur Muhlenberg, torcedor ilustre e cronista sagaz, pelo texto-convite que faz ao leitor com seu prefácio.

Agradeço ao meu pai, Enio, por ter me legado essa herança. E aos tantos amigos de arquibancada que personalizarei na figura de dois com os quais estive junto em muitos jogos e finais, mas em especial, nos últimos quatro títulos da Copa do Brasil: 2006, 2013, 2022 e 2024: Leonardo Méliga e Adalto Benevenuto. Que venham outras finais.

E ao Zico, por encarnar em si o inefável de representar o Flamengo como nenhum outro.

André Salviano
Organizador

PREFÁCIO

CONTO CONTIGO, MENGÃO.

Se fosse só futebol, poderíamos dizer que o romance está para o campeonato de pontos corridos assim como o conto está para o mata-mata. As narrativas breves e concisas sobre um só conflito em um espaço de tempo determinado e geralmente rolando em um só local habitam a mesma dimensão rítmica dos jogos decisivos. Os jogos de vida ou morte comungam com os contos a tensão, o ritmo acelerado e o que mais as assemelha às partidas capitais: a urgência pelo fim.

O conto é o campo dos aflitos, dos desesperados por soluções e desenlaces surpreendentes. A noção de fim é a sua espinha, seu vórtex, que a ele converge magnetizado. Entre todas as modalidades narrativas, nenhuma outra é tão flamenga. Nos 22 contos aqui publicados, a raça, o amor e a paixão que as arquibancadas rubro-negras exigem de quem enverga o Manto Sagrado dentro das quatro linhas se apresentam nas mais diversas linguagens.

Assim como o Flamengo, os contos reunidos neste volume surpreendem, mesmo quando giram em torno de histórias já muitas vezes contadas e cujo final todos conhecemos. A ação do observador altera o comportamento do objeto observado. O mesmo fato visto por muitas câmeras, decupado em diferentes ângulos, filtrado por olhos de origens muito diversas, se torna um novo fato. A única permanência é o Flamengo.

O universo Flamengo no qual estes contos acontecem é vasto e ao mesmo tempo particular. Ora é o Flamengo acolhedor que se deixa amar, ora é o Flamengo tirano e opressor que não concede espaço para outros afetos. Às vezes pai, outras padrasto, mas sempre dominante e avassalador, o Flamengo do qual não se pode escapar. A imensa força gravitacional exercida pela entidade vermelho e preta é o princípio causador de todos os fenômenos emocionais. O Flamengo que emerge de *Era uma vez: Flamengo* é a usina que gera o amor, a amizade, a fraternidade, a compaixão, a malandragem, o desprezo e até o ódio. Mas nunca a indiferença.

Arthur Muhlenberg

GÁVEA, 1969

SÉRGIO RODRIGUES

No primeiro dia eu fiquei só olhando o treino, sentado na cadeira ao lado do campo enquanto o meu irmão cuidava do trabalho dele na piscina, nos vestiários e onde mais fosse — eu não sabia bem por onde ele circulava nem o que fazia exatamente naquele uniforme, uma roupa cinza que parecia de zelador. Nas vezes que perguntei, o meu irmão riu e disse que cuidava dos troféus, que aquelas belezocas precisavam ser polidas com força todo dia, senão, já viu, enferrujavam, perdiam o brilho. Acho que ele estava meio que brincando, mas a verdade é que eu não pensava muito nisso. Só queria saber do outro uniforme, aquele que era o contrário de cinza com suas listras horizontais alternadas, vermelha, preta, vermelha, preta.

O trato com o meu irmão era, em primeiro lugar, que eu não enchesse o saco, e em segundo que eu me distraísse com o treino do pessoal da minha idade no infantojuvenil até dar a hora dele me pegar e a gente voltar junto pra casa na Cruzada, ali perto — meu irmão de vinte anos responsável pelo caçula de quinze, a mãe trabalhando fora pra voltar só de noite, o pai sumido no mundo.

No primeiro dia em que eu fiquei olhando o treino sentado lá, aqueles dois me chamaram a atenção de cara: o branquelo mirrado narigudo que parecia criança, pernas de vareta com um chumaço ruço na cabeça, e o preto alto forte. Chamar a atenção é pouco, eu não conseguia enxergar ninguém no campo além daqueles dois, os outros garotos uma massa de coitados, quase uns perebas em comparação com a dupla engraçada. Digo engraçada por causa da diferença de tamanho e cor de pele, mas também pelas jogadas que eles inventavam, umas trapaças e arapucas de tempo espichado e espaço encolhido ou vice-versa, fazendo o marcador se estabacar no gramado ou ficar girando que nem pião no mesmo lugar até o fim dos tempos.

Aqueles lances que o menino louro e o menino negro armavam sem nem se olharem, como se um fosse capaz de pensar o que o outro pensava, pensar com a cabeça do outro, aquilo me lembrava alguma coisa que no começo eu não soube o que era, mas, de repente, entendi — me lembrava Tom e Jerry, Pernalonga, Bip-Bip, os desenhos que eu gostava de ver desde pequeno na Philco de treze polegadas lá de casa, no programa do Capitão Aza ou do Capitão Furacão. O futebol que aqueles dois jogavam era de desenho animado, e quando eu saquei isso fiquei rindo um bom tempo sozinho, feliz com a minha esperteza. A diferença é que na televisão era tudo preto e branco, e ali as cores batiam no olho com força, o marrom da cara sorridente de um, a palha amarela do cabelo do outro, o vermelho das camisas suadas pondo fogo na grama verde.

Nessa época eu sonhava em ser astronauta. O projeto Apollo era muito falado nos jornais e na televisão, e eu tinha certeza que, viajando até a lua, tudo ia mudar pra melhor na minha vida, eu ia ficar tão rico que o meu irmão não precisaria mais polir troféus e quem sabe privadas naquele uniforme cinza horroroso, nem a minha mãe ia ter que cozinhar e fazer faxina na casa dos outros. Até aqueles dias, vinha sendo esse o meu sonho principal, mas na beira do campo da Gávea comecei a ter outras ideias.

Primeiro fiquei na minha, só matutando pra amadurecer esses planos, que no começo eram esfumaçados: dali do meu posto de observação, bunda pregada na cadeira, tratei de prestar cada vez mais atenção no que faziam o galalau negro e o moleque louro, mas só no fim da segunda semana me dei conta de repente, num susto, de uma coisa incrível que parecia ser o segredo daqueles dois, do entendimento telepático que eles tinham em campo. Fiquei eufórico e atordoado: eu não era burro, podia ter muitos defeitos, ser um estorvo pra minha mãe e pro meu irmão, mas burro-burro não era. Por que, então, a demora em entender que aqueles dois se comunicavam por cima das cabeças dos adversários e companheiros numa linguagem musical que era só deles? Prestei atenção em dobro pra confirmar, não tinha dúvida nenhuma, era um código secreto. O garoto negro jogava assoviando.

Quando o meu irmão veio me buscar no fim daquele dia, eu estava tão excitado com a descoberta que quase ia contando tudo pra ele, mas aí aconteceu uma coisa estranha, foi como se uma mão invisível tapasse a minha boca no último segundo. Acabei calando o bico, ainda bem, e mais tarde entendi: o pacto estava selado. Foi assim que começamos — o assoviador, o ruço e eu — a ser um trio.

Oi, eu sou o Geraldo, veio o assoviador se apresentar no dia seguinte. Reparei que você tá aqui todo dia, deve conhecer o jogo da gente melhor do que a gente mesmo, falou, caindo na risada. E sem cerimônia nenhuma foi me puxando da cadeira: Vem que eu vou te apresentar o meu amigo Arthur, ele também já sacou que você é um dos nossos.

Arthur é o lourinho?, perguntei.

É, disse o Geraldo. Mas ninguém chama ele de Arthur.

Ah, não?

Só que não deu tempo dele explicar como o Arthur era chamado, porque o treinador apitou e de repente éramos nós três jogando juntos. E dando show.

Reparei que eu também estava de vermelho e preto, não sei como aquela camisa tinha ido parar no meu corpo. Notei ainda que eu entendia muito bem o sentido profundo dos gorjeios do Geraldo, antecipava o desenho das jogadas e trocava passes com ele e com o Arthur como se sempre tivesse sido um deles. Meu corpo não tinha peso: eu flutuava. Lembrei de uma imagem da televisão, o Neil Armstrong boiando no espaço do lado de fora da espaçonave, eu me sentia exatamente assim. Foi então que desisti de vez da carreira de astronauta pra abraçar a de craque do Flamengo. Entendi que, pela primeira vez na vida, eu estava no lugar certo na hora certíssima, o melhor lugar do universo no melhor momento da história e eu ali, testemunha de uma glória futura que mal começava a raiar e que, quando pudesse ser vista inteira, ia ser maior que o infinito.

Como eu sabia disso? Não tenho ideia de como eu sabia disso. Só sei que dei passe de trivela pra gol, mandei de bicicleta um petardo no ângulo, obrigando o goleiro a fazer uma defesa impossível que puta que pariu, chapelei três beques em sequência antes de inventar uma tabela diabólica com o Arthur que terminou com o Geraldo se lançando à frente rumo ao futuro, dessa vez gritando, em vez de assoviar: Lança, Zico! Lança, Zico!

Então é esse o nome do lourinho, pensei, e aí tudo degringolou. O menino negro saiu pela linha de fundo e foi indo, foi indo até sumir de vista, engolido pela escuridão, e o Zico ficou triste no meio do campo, pé direito em cima da bola, absolutamente sozinho. Uma noite fria tinha desabado sobre a Gávea. Meu irmão apareceu de uniforme cinza e primeiro se assustou, depois me deu um esporro porque eu tinha escorregado pra fora da cadeira de rodas e estava deitado na grama de barriga pra cima vendo a lua em forma de bola, toda vermelha do sol poente, subir em câmera lenta no céu preto.

ADEUS, POPEYE

ANDRÉ SALVIANO

Para Vinícius Júnior

E aí, cara, tu vai ou não vai me contar por que tá sumido desde sábado?

Eu não sabia por onde começar a história. Geralmente andamos em bando, mas naquele dia eu dei uma desgarrada da galera. Tem uma coisa que eu sempre ouvia e nunca tinha entendido: “Olho grande não entra na China”, pois é, nesse dia eu entendi. Sábado geralmente eu fico com a rapaziada de butuca ali pelos lados do Caju, que carinhosamente chamamos de quintal. É um dia mais tranquilo, menos movimento de caminhões e de estranhos, então dá pra encher o bucho de boas, sem a algazarra e o tumulto que rola aqui durante a semana. Com o tempo fui aprendendo a entendê-los melhor, alguns têm medo da gente, mas a maioria tem mesmo é nojo, um certo desprezo. Di Menor deu mole outro dia e tomou uma sova, foi espancado até quase morrer. Na verdade, só sobreviveu porque acharam que ele tava mesmo era morto, pararam de bater e foram embora. Agora tô aqui pensando como conto pro Medroso, parceiro das antigas, essa aventura que quase custou minha vida também. Bem, como alguns desses esquisitos que convivem com a nossa raça costumam dizer, “Vamos começar pelo começo”.

Medroso, tu tá sabendo que dia é hoje?

Faço a mínima ideia, Uru. Tu que é o poliglota daqui, só você entende o que esses esquisitos dizem.

Cara, hoje é segunda-feira. Quer dizer, pra gente só existe dia e noite, estação quente e estação fria, mas pros estranhos tem um lance de dia da semana. E hoje é segunda. Sumi sábado porque fui preso.

Tô sabendo. Aliás, me liguei que você sumiu e foi num sábado de tanto andar contigo, mas ainda não decorei os outros dias. Mesmo assim, alguns dos nossos já tão até falando "Aê, tá ficando metido igual o Uru, né, Medroso". Mas me conta aê: preso?! Como assim? Te pegaram pra bater igual fizeram com o Di Menor?

Que nada, me pegaram pra ir a um lugar que eles chamam de estádio de futebol. É um tipo de passatempo deles. Assim como a gente curte voar, eles curtem essa parada. Tem uma bola que eles ficam correndo atrás e tals. Aqui mesmo uns menores deles jogam isso, tu já deve ter visto. Então, cheguei aqui no sábado cheio de fome e, de longe, avistei um dos Limpezas acenando com uma carne suculenta. Reparei que ninguém da galera percebeu, inclusive estavam indo pro lado oposto procurar comida, então disfarcei e fui na direção do Limpeza, era um rosto conhecido, o que me deixou mais à vontade. Ele afastou e eu parti pra cima do banquete, pensando "me dei bem, vou comer tudo sozinho". Aí, me distraí. Quando dei por mim, tava preso, enrolado num lençol velho.

E aê? Continua.

Calma, Medroso, deixa eu molhar o bico, dar uma suavizada na garganta, a história é longa. Voltando, o Limpeza armou pra mim, me entregou pra uns intermediários dos estranhos, não eram nem menores nem tão formados, contei quatro. Me colocaram dentro daquele bicho de ferro deles que anda mais rápido que cavalo. Durante o início da tal viagem, eu fiquei quietinho, pra ouvir o que tava pegando, saber qual o tamanho da enrascada que eu tava.

Porra, Meirelles, presta atenção no volante!

Calma, Otávio, segura o bicho direitinho aí.

A torcida do nosso maior rival vai ter uma surpresa! — gritou o Erick.

Vamos transformar o insulto em símbolo. Vamos contra-atacar e acabar com esses gritos racistas — disse o Victor, sorrindo.

E aê, Uru? Seguiu quietinho?

Não, eu ainda não sabia qual era o meu papel na história, tive medo e tentei fugir, consegui desvencilhar do lençol e me debati, ataquei o cara que domava o bicho de ferro, que gritou "Dá um jeito nele". Pararam de correr e conseguiram me imobilizar, eu tava meio nervoso. Mas acabou sendo pior pra mim, dois saíram do bicho de ferro e arrumaram um saco, me puseram dentro. Nada agradável. Eu não tinha mais o que fazer durante um bom tempo, a não ser ficar ouvindo o que diziam. O saco tinha uns furos, conseguia ver por eles. No início, eu sabia quem tava falando, mas depois de uns sacolejos no bicho de ferro, eu não via mais nada, só ouvia.

Tá vendo, Otávio, falei pra segurar direito. Chegando no Leme, preciso meter um Merthiolate nessa ferida.

Deixa de ser fresco!

É, tranquilo, não foi contigo, né?

Victor interrompe:

Aê, vamos falar do que importa. A primeira parte do plano tá ok, já temos nosso mascote pronto pra brilhar amanhã.

Erick se mete na conversa:

É, não foi fácil, tivemos que buscar longe.

E ontem à noite demos viagem perdida no Caju, só tinha o vigia.

Fazer o que se o lixão da Praia do Pinto tava um deserto até de dia também?

É, teria poupado nosso tempo, mais perto de casa.

Agora, por falar na Praia do Pinto, muito estranho o incêndio que rolou por lá, né?

Se bobear, tem dedo desses governantes safados.

Lacerda tava de olho ali. Negrão de Lima só sacramentou, pelo visto.

Pode ser, pode ser.

O Mascote vai ficar onde?

Vamos deixar naquele quartinho que tá de depósito na garagem.

Mas será que ele fica de boa?

Fica sim.

E depois, você ouviu mais alguma coisa?

Medroso, o papo continuou, falaram de um adversário de domingo, um tal de Botafogo. Que não ganhavam deles há quatro anos, o que pra gente não diz muita coisa, o tempo deles é diferente, né? E falaram de um jogador que veio de um tal de San Lorenzo, e falaram mais outras coisas. O que eu sei é que eles falam demais. Até que chegamos num lugar com pouca iluminação. Me deixaram num quarto escuro. Amarraram meus pés num tipo de árvore pequena e esquisita, que não tem folhas, e imobilizaram minha cabeça. Eu seguia sem ter ideia de por que tava ali. Até que peguei no sono. Depois de um tempo, que não sei se foi muito ou pouco, acordei com uns barulhos.

Vamos lá alimentar o bicho, ele merece!

E tu sabe se ele vai comer isso.

Cara, ele se alimenta de restos, isso aqui é papa fina.

Quando abriram a porta, eu identifiquei quem tava de conversinha fora do quarto, eram o Otávio e o Meirelles. Vieram com uma comida estranha e acharam que eu ia comer aqueles lances esquisitos. Os estranhos não sabem nada da gente, acho que o preconceito deles com a nossa raça vem daí né.

Deve ser.

Aí, o bicho não chega nem perto. Falei pra você que ele não come macarrão.

Pô, mas tá gostosão. Eu mesmo bati um pratão desses mais cedo.

O que eu lembro é que dormi foi com fome. Cansado. Quando mais um tempo se passou, eu tinha acabado de acordar de novo, abriram a porta e me tiraram do sossego. Me botaram em outro saco, mais ventilado. Eles tavam muito agitados, cantando umas músicas esquisitas, falando alto. De novo, lá fui eu viajar dentro do bicho de ferro.

É hoje que a gente ganha, com a benção do nosso mascote!

Otávio, tô confiante na vitória, hoje é dia de Urubu e Doval!

Quando saímos do bicho de ferro, me enrolaram num tipo de lençol muito grande. Tinha duas cores, uma era a nossa, a outra era parecida com a do sangue que a gente vê às vezes saindo dos outros bichos. Experiência ruim, fiquei meio sufocado, e agora eu quase não conseguia identificar quem falava. Na verdade, eram muitos sons, e além de não enxergar quase nada, eu ia num sacolejo incômodo que durou um bom tempo. Até que um deles pôs minha cabeça pra fora e o que eu vi foi uma bagunça gigantesca. Eles não paravam de gritar "Urubu! Urubu! Urubu!" O som se parece com o meu nome, aí eu enfim entendi: eles não nos chamam por nomes diferentes, mas, pros estranhos, todos nós temos o mesmo nome, Urubu.

"Bebe, Urubu, bebe esse mate, vai te dar energia", ria o Otávio enquanto tentava empurrar essa bebida escura pela minha goela. Só consegui beber um pouco. Me enrolaram no lençol de novo. Quando me desenrolaram, eu estava no meio de uma multidão maior que a que tem no nosso quintal em dia de procissão dos caminhões de lixo. Era muita gente, Medroso. E o pior, começaram a fazer algazarra. Logo em seguida, comecei a ouvir uns barulhos de explosão, tipo umas bombas. Aquilo me deixou muito nervoso, e comecei a me debater.

Porra, e esses times que não entram.

O bicho tá muito agitado, não dá mais pra esperar.

Vamos amarrar a bandeira?

Vâmo!

Foi nessa hora que amarraram o tal lençol nos meus pés, seguraram minhas asas e me ergueram. Eu olhava e não acreditava, Medroso. Quando me levantaram, tinha mais gente do que eu pensava.

E aê, Uru, o que você fez?

Eu voei! Assim que senti um impulso, um dos caras me jogou pra cima. Voei. Em seguida, senti o peso da bandeira nos pés e dei uma descaída, mas rapidinho acostumei e subi de novo. Enquanto voava, ouvi parte daquela multidão gritar quase o meu nome, mas era o nome que eles nos chamam.

"Urubu! Urubu! Urubu!"

Segui voando e ouvindo, até que a bandeira pesou um pouco mais e decidi descer. Parei em frente a uma parte da multidão, que ficou calada. Alguns segundos ali e virei atração. Tiraram fotos, eu caminhava majestoso, até que um cara vestido com um uniforme estranho me agarrou. Facilitei pra ele, né? Estava distraído, todo pimpão. Ele apenas disse "Peguei" e saiu comigo do meio daquela bagunça que eu comecei odiando, mas que, quando tava curtindo, decidiram que era hora de acabar. Ao menos pra mim.

Te levaram pra onde?

Pra um lugar meio úmido, que ouvi um deles chamando de banheiro. Aproveitei quando fiquei sozinho e biquei o barbante que amarrava meu pé até arrebentar. Vi a janela aberta e saí batido. Achei melhor voar o mais longe possível dali, tava com medo de me pegarem de novo. Também tava muito cansado, mas no meio do caminho, avistei lá de cima um cachorro morto na rua. Era o que eu precisava pra recobrar as energias.

Será que os outros vão acreditar nessa tua história?

Medroso, tu acredita em mim?

Claro!

É o que basta.

Epílogo

1° de junho de 1969 — Flamengo 2 x 1 Botafogo
Maracanã (Público: 148.863 espectadores)
Gols: Arílson (9' 1T), Doval (23' 1T); Paulo César Caju (8' 2T)

Flamengo: Dominguez, Murilo, Onça, Guilherme e Paulo Henrique; Liminha, Rodrigues Neto e Luís Cláudio; Doval, Dionísio e Arílson.
Técnico: Elba de Pádua Lima, "Tim".

Botafogo: Ubirajara Mota, Moreira, Zé Carlos, Leônidas e Valtencir; Carlos Roberto e Gerson; Rogerio, Jairzinho, Roberto e Paulo César Caju.
Técnico: Mário Jorge Lobo Zagallo.

PAPAGAIOS & URUBUS

BERNARDO BUARQUE DE HOLLANDA

À memória do escritor José Lins do Rego.
Para Cláudio Cruz, fundador da Raça Rubro-Negra.

Corria o ano de 1972, quando Joca foi despertado pelos primeiros raios de sol que descortinavam o estado da Guanabara. Os fios dourados furavam os vãos da carcomida janela de madeira de sua casa, um modesto sobrado no subúrbio de Madureira, onde vivia apenas com o pai, Júlio, pipoqueiro afamado da região, viúvo que não tivera mais filhos desde o falecimento prematuro de Dona Leonor.

Os ascendentes de Dona Leonor eram portugueses dos Açores, cuja família aportara no Rio de Janeiro nos idos de 1920. Enquanto ela esteve viva, o casal se entrosava em tudo, exceto no futebol: a mãe era uma cruzmaltina ferrenha, de quatro costados, vivia a lembrar o Expresso da Vitória e tinha em casa a flâmula do Almirante, o mascote bigodudo do Vasco. Já o pai, por seu turno, se inclinara desde cedo pelo Clube de Regatas do Flamengo tão logo chegara ao Rio de Janeiro, em 1952, proveniente de Sacramento, uma cidadezinha do interior de Minas Gerais.

Se Dona Leonor tinha a divisa do Almirante pendurada na parede, Júlio conservava com orgulho na estante uma placa do marinheiro Popeye, símbolo que personificava o rubro-negro, cujo lema encimava: "Onde encontrares um Flamengo, encontrastes um amigo." A mãe venerava o centroavante Ademir, o popular Queixada, enquanto Júlio descobriu o rubro-negro da Gávea nos áureos tempos de Dida, craque alagoano que liderou a conquista do segundo tricampeonato da história do time ainda no primeiro lustro da década de 1950.

Apesar da veneração por Dida, Júlio tomara gosto mesmo era por Biguá, o centromédio paranaense, também conhecido pela alcunha de "Índio". Por ele se afeiçoara, tinha "fibra", para usar uma palavra do hino de Lamartine Babo. O baixinho Biguá era incansável em campo, não lhe faltava valentia, garra, ou "denodo", como diziam as páginas do *Jornal dos Sports*, o popular "Cor-de-Rosa", cujas manchetes Júlio lia dependuradas nas laterais das bancas de jornais. Para provocar a esposa, colocava o rádio no volume mais alto sempre que tocava o "Samba rubro-negro", a maviosa música de Wilson Batista: "pode chover/pode o sol me queimar/que eu vou pra ver/a Charanga do Jayme tocar/Flamengo, Flamengo/tua glória é lutar/quando o Mengo perde/eu não quero almoçar/eu não quero jantar..."

Crescido nesse ambiente de ardor e antagonismos clubísticos, o menino de 9 anos de idade, já órfão de mãe, inclinou-se pelo time paterno. E estava ansioso quando despertou naquela manhã dominical ensolarada, pois não era um dia qualquer, nem no futebol nem na vida do país. Era o Sete de Setembro, que o governo de então comemorava como data cívica magnânima por meio da chamada "Semana da Pátria". Ao todo, o ritual durava sete dias, começava na segunda e se estendia até o domingo. O povo comemorava menos a efeméride e mais a possibilidade de desfrutar um feriado nacional tão prolongado. As ordens do governo eram as de que ninguém trabalhasse, para que todos fossem assistir à exortação do desfile militar e ao acompanhamento daquele séquito de alta patente, alinhado em riste e com trajes uniformes.

O cortejo se desenrolava não só na longínqua e incógnita Brasília, mas ali mesmo, na região central da antiga capital da República, nas proximidades do Aterro do Flamengo, em frente à esplanada do Monumento aos Pracinhas, da Segunda Guerra. Outro espaço ocupado pela parada militar era o aprazível bairro da Urca. A Praia Vermelha se engrinaldava para o festejo, tomada de populares que testemunhavam o ir e vir verde-oliva, com tanques, esquadrilha da fumaça, salva de tiros e outras panaceias.

Como se sabe, a comemoração oficial era destinada a evocar a data fundante da independência do país e ganhara importância na cidade desde que uma tal Redentora se assenhoreara do poder em 1964. Para tornar tudo ainda mais condigno, importante e solene, comemorava-se naquele domingo de 7 de setembro de 1972 o Sesquicentenário da Independência. Ele afetava até mesmo o calendário do futebol, com a organização de um Mundialito, que reunia diversas nações futebolísticas mundiais no Rio de Janeiro.

A Taça Independência era um arremedo de Copa do Mundo, inventada pelo presidente da CBD, João Havelange, depois do tricampeonato no México, como uma vitrine, um estratagema para se eleger à testa da FIFA. O evento comemorativo se encerrava com a sugestiva final entre Brasil x Portugal, a 9 de julho daquele ano. Por assim dizer, a colônia vencia a metrópole, com gol de Jairzinho aos 44 minutos do segundo tempo, no palco majestoso do Maracanã, a pontificar aquela espécie de segunda emancipação nacional.

Joca lembrava-se bem daquele jogo, pois implorara ao pai para assistir no estádio. Cansara-se de ouvir os jogos pelo rádio, e a família não tinha dinheiro para comprar televisão, onde se viam as reprises em preto e branco no dia seguinte. Chegou mesmo a pedir ao pai a ida à partida como um presente de aniversário adiantado, já que aniversariava em outubro. Mas Júlio andava mal das pernas, isto é, das finanças. Apesar do preço módico da Geral, não tinha como irem e voltarem de trem, mais o lanche que antes ou depois do jogo precisariam comer.

De mais a mais, o seu tradicional ponto de venda de pipocas em frente ao Cine Madureira ficaria desguarnecido, e ainda que sua tradição e sua fama corressem o bairro, vai saber, alguém poderia afanar o seu posto cativo naquele dia estratégico em que as pessoas se divertiam nas duas imensas salas de cinema com capacidade para quinhentas pessoas cada uma. Pudera: o cardápio cinematográfico era farto, oferecia desde filmes hollywoodianos de western no melhor estilo John Wayne até as fitas cômicas das chanchadas nacionais estreladas por Oscarito e Grande Otelo.

Júlio fez, no entanto, uma promessa a Joca: se o Flamengo continuasse bem no Campeonato Carioca e fosse ao triangular final, iriam juntos ao estádio Mário Filho. Haveriam de presenciar o time se vingar do Fluminense e do Vasco. Afinal, depois de vencer a Taça Guanabara (1º turno), entre fevereiro e abril, o time da Gávea perdeu a Taça Fadel Fadel (2 º turno), terminada em julho. Ela fora disputada nos meses seguintes e sua partida decisiva ocorreu pouco depois do Mundialito. No dia 23 daquele mês, o invicto Fluminense abate por 1 a 0 o Flamengo e leva a Taça, batizada com o nome do saudoso ex-presidente do clube rubro-negro, falecido havia três anos, em 1969.

A Taça José de Albuquerque vem em seguida. Era o equivalente ao terceiro turno daquele torneio, mais importante que o nascente Campeonato Brasileiro de clubes, criado em 1971. Desta feita, quem conquista o título é o Vasco. A conquista vascaína provoca a necessidade de uma fase final, com os três campeões de cada turno: Flamengo, Fluminense e Vasco.

Júlio era homem de palavra e, apesar das dificuldades financeiras, cumpriu o prometido ao filho. Afinal, chegara o Sete de

Setembro. Iriam à vera ao Maracanã, o pai anunciou-lhe no início da semana, promessa é dívida. Domingo chegou. Joca acordou cedo, para não dizer madrugou, às 6 horas da manhã, embalado pela ansiedade do dia. O jogo só começava às 17 horas, mas sairiam de casa às 11 horas. Precisavam comprar o ingresso, e as bilheterias do estádio ficavam mais apinhadas de gente em dia de decisão que as filas dos trens. Júlio deixara tudo arranjado em seu ponto de trabalho. Combinara com um amigo, que ficaria no seu lugar em frente ao Cine Madureira, para não correr o risco de perder o ponto de venda de pipocas. Ao longo da semana, pai e filho se preparavam e aproveitavam que estava tudo meio devagar com o recesso da Semana da Pátria.

Como Joca não tinha escola naquela semana, por conta da festa dos milicos, levou suas duas pipas para soltar nos morros mais altos do bairro: o do Cajueiro e o da Serrinha. No primeiro, levava a pipa que chamara de Papagaio Vintém. Foi o pai quem dera esse estranho nome, pois era ele quem as confeccionava em casa. O batismo da pipa tinha a ver com a história do clube. O nome tinha um porquê: dois anos antes, Júlio comprara na banca o fascículo Mengo 70 e, a despeito da dificuldade em reconhecer as letras do alfabeto, conseguira, com esforço, ler e aprender um bocado sobre o passado do clube. Dos tempos idos, soubera da existência dos seis remadores-fundadores, do dissídio com o Fluminense, do surgimento do futebol, do terreno da Gávea, ao lado da favela da Praia do Pinto, do "dionisíaco" Leônidas da Silva, do "apolíneo" Domingos da Guia, e muito, muito mais. O Papagaio Vintém era ornado em dourado e azul, alusão ao colorido do primeiro uniforme do clube, conforme também depreendera da leitura do fascículo ilustrado.

Já a pipa que empinava na Serrinha foi batizada de Cobra Coral. Tinha a forma de um losango e se alternava nas cores vermelho e preto, alusiva a outra das camisas históricas do clube, em mais um ensinamento que sorveu da revista. Enquanto esperava a chegada do grande dia, passava a semana a fazer seus papagaios tremularem bem alto. Torcia e contorcia o barbante, conduzia a lata com o domínio dos dedos, manipulava a linha, que produzia efeitos em torvelinho. Com destreza, o menino manobrava a pipa, fazendo-a dançar nos píncaros do céu, até perdê-la mesmo de vista.

Júlio, por sua vez, conseguira uma haste para a sua bandeira num bambuzal escondido no maciço da Tijuca. Assim como sua camisa, ela era produzida artesanalmente e com especial afinco para o jogo final entre Flamengo e Fluminense. Derrotado na primeira partida, o Vasco estava eliminado. Era preciso superar o poderoso tricolor e impedir o bicampeonato do time das Laranjeiras. Para isso, caprichara ainda mais nessa bandeira feita em casa. Ele próprio passara a semana nos preparativos e se encarregava de tingir o morim de negro e encarnado.

Depois de Joca contar nos dedos das mãos a passagem da semana — segunda, terça, quarta, quinta, sexta e sábado —, eis que chegava o ansiado domingo. Iria ao Maracanã pela primeira vez; iria a uma Final; iria ver o Flamengo. Na companhia de Júlio e Joca, achegou-se o vizinho Arthur. Tratava-se de um folclórico torcedor, conhecido em toda Madureira por seus badulaques e ornamentos alusivos ao Clube de Regatas do Flamengo. No Maracanã, também era um geraldino com reputação, conhecido de todos os frequentadores, até mesmo nas rádios falavam dele. Estava sempre com um tipo de fantasia que o distinguia dos demais. Seu apelido era “Vai na Bola”, que Júlio também descobrira na revista *Mengo 70* se tratar de uma homenagem a um dos primeiros torcedores da história do clube, conforme contava saborosamente Mário Filho em *Histórias do Flamengo*.

Desta feita, Arthur chegara sem adereços chamativos, mas com uma caixa de papelão, misteriosa, que vinha lacrada de ponta a ponta. “O que haveria dentro do invólucro?”, perguntava-se o menino, aguçado pela curiosidade. Nem a Júlio nem a Joca o vizinho contou. Era segredo. Só no estádio saberiam. Não parecia pesado aquele volume, mas o vizinho o carregava com alguma dificuldade de equilíbrio.

Ainda deu tempo de Joca passar o cerol na linha e lançar ao ar suas duas pipas da varanda de casa. Papagaio Vintém & Cobra Coral voavam alto e emolduravam o cenário azuláceo da manhã. Um sol rascante invadia o final de inverno. O calor era abrasador, como se janeiro fosse. Mas isso era o de menos para Joca, pois não via a hora do relógio bater 11 horas para tomarem o rumo do jogo. Aprumara seus papagaios, forrara o estômago com arroz, feijão e farinha, mais uma média que só o pai sabia fazer. Enfim, bucho cheio para a jornada. Para dar sorte, Arthur e Júlio preferiram brindar a saída de casa molhando o bico com uma caninha, vetada a crianças.

Pronto, dera a hora, chegara o momento de partir. Júlio e Joca portavam suas bandeiras, uma grande outra pequena, proporcionais ao tamanho de cada um, ao passo que Arthur carregava aquela caixa desengonçada, contornada com fita-crepe para impedir sua abertura. Moravam longe da rua Carolina Machado e, até chegar à estação de Madureira, caminharam 35 minutos. De quando em quando, Júlio parava para empunhar os braços e soltar um fogo de artifício. Não era festa junina nem noite de São João, mas o rojão espoucava ruidoso no ar. Receptivos, os moradores gritavam e faziam coro: “Mengo!!!”

A estação de trem mais parecia a entrada do estádio. Estava coalhada de torcedores. Havia tricolores também, todos juntos e misturados. Júlio achou por bem colocar o filho na garupa, um tanto precavido com a inopinada multidão. Mal poderia imaginar o que lhe esperava no Maracanã, seguro de que haveria mais de 100 mil torcedores, casa cheia com certeza. O pai já estava calejado e acostumado, mas para o virginal Joca, seria a primeira vez.

Junto ao bloco humano que se condensava na plataforma, chega o trem lancinante e abarrotado, com centenas de bandeiras desfraldadas pelas janelas dos vagões. O trem para, tem gente até no teto. Em circunstâncias normais, forçaria a entrada, acotovelaria, meteria o pé na porta e iria com os demais. Empurraria até entrar naquela lata de sardinha. Mas estava com o filho, seria prudente desta vez e esperaria o próximo comboio.

Arthur não esperou e se jogou para dentro do vagão, com caixa e tudo. Acenaram um para o outro: sem problemas, haveriam de se encontrar na Geral, frequentavam de há muito o mesmo local, eram referências no pedaço. Ficavam religiosamente à esquerda das cabines de rádio, na altura onde se posicionava, nas arquibancadas, a Charanga do Jayme, o veterano chefe da torcida do Flamengo. Esse líder carismático embalava o time com seus instrumentos musicais e sua chuva de papeizinhos, mais confetes, serpentinas e estandartes, como se carnaval fosse.

Foi somente no quarto trem a arribar em Madureira que pai e filho conseguiram entrar. E, ainda assim, a muito custo, tendo de exclamar: “Tem criança! Tem criança!” Os gritos não surtiam lá muito efeito, mas ajudavam aqui e ali a se aproximar da geringonça. Eram tantas bandeiras que o trem parecia vestido de vermelho e preto. Provocações, ovações, impropérios, ditos chulos e de baixo calão davam a tônica do ambiente — ouvia-se de tudo um pouco. Joca estava, confesso, para lá de amedrontado, quase perdera sua bandeira quando as portas do trem fecharam, mas seguiram em frente e para dentro, não poderiam atrasar mais.

A musiquinha dos rubro-negros no trem provoca os intimidados tricolores presentes. Num ritmo de marchinha, o cântico dizia: "É ou não é, piada de salão, um time pó de arroz, querem ser campeão..."

De Madureira, levou uma infinidade de tempo para chegar ao templo futebolístico. Com o pai em pé e ensanduichado, Joca agora percebia que o estádio dos seus sonhos era mesmo tão distante. Contou no painel: catorze estações até chegar à Central do Brasil. Para o Maracanã, faltava um pouco menos, onze, lidas nessa ordem: Cascadura – Quintino – Piedade – Engenho de Dentro – Méier – Engenho Novo – Sampaio – Riachuelo – São Francisco Xavier – Mangueira – Maracanã... Mais que comprimidos, foram espremidos durante todo o trajeto férreo, ao trilar metálico do meio de transporte, com seu cipoal de fios eletrificados. Não fosse o colo do pai, desapareceria feito agulha no palheiro daquele vagão superlotado. Foram 55 minutos de viagem, o pai contou no relógio. A sensação era a de que tinha durado cinco vezes mais de tempo.

Quando, enfim, após contagem regressiva, o trem alcançou a décima primeira estação, mais parecia cena de cinema: um tropel de gente saía, um mar de torcedores prorrompia, qual a força de um rio que transborda uma barragem. A porta se entreabria e a multidão como que se libertava do confinamento, a passos cambaleantes e apressados, subindo as escadarias, pulando os muros, correndo mesmo por sobre o leito dos trilhos.

Mais atrás, na cauda daquele cometa, Júlio e Joca acompanhavam o séquito e giravam as catracas de saída da estação. O filho sentiu um friúme na barriga quando avistou aquela que parecia uma nave espacial, mas que era o Maracanã. Da estação, o rumo mais próximo era a rampa do "esqueleto", menção à antiga favela homônima, removida para dar lugar à então Universidade do

Estado da Guanabara. Já eram 13h47, estavam atrasados para o padrão de Júlio, ainda que faltassem mais de três horas para a bola rolar.

Júlio tinha um conhecido que fazia ponto nas imediações do estádio — vendia um bom churrasco de gato, a um preço camarada — e pediu para esse comerciante, Everton, ficar com o filho enquanto ia comprar o bilhete da Geral. Precisava só de um ingresso, pois Joca, menor de idade, não pagava. Em contrapartida à ajuda, comprou dois churrasquinhos de Everton e deu-os para o filho, já faminto, saciar a fome. Adquirir entradas, ainda mais em Final, era outra saga. Por sua experiência, levaria de cinquenta minutos a uma hora para enfrentar a faina da fila e lograr seu ingresso. Não deu outra: a boca da venda estava entupida de gente que não respeitava qualquer ordem, cada um só queria saber do seu. Era a lei do ditado: farinha pouca, meu pirão primeiro. Ou por outra: salve-se quem puder. Nem a PM dava jeito com as botinadas de seus coturnos e as borrachadas de seus cassetetes, uma confusão danada naquele furdúncio de geraldinos.

Ainda mais assustado com a turba de torcedores — Joca nunca vira tanta gente na vida —, o menino comia sua refeição, lambia os beiços e contemplava o colosso de cimento defronte a ele. Faltava pouco para o sonho se concretizar. Em meio àquele alarido de populares para lá e para cá, de carros a passar, de ônibus a buzinar, de pessoas a urrar, de bombas a estourar, Júlio voltou. Aparentava estar estropiado, como um soldado que volta da guerra. Mas com a missão cumprida: o bilhete, todo amassado, quase rasgado, era seu. Para consegui-lo, teve de dar chutes e cotoveladas, inevitável. Caso contrário, não teria ingresso. E ainda tinha de se preocupar em segurar bem sua carteira no bolso da calça de linho, pois os meliantes gostavam de se aproveitar do sururu em dias de jogos.

Ao regressar, Júlio agradeceu mais uma vez ao parceiro Everton, devorou seu churrasco felino, recolocou o filho por sobre os ombros e seguiu rumo à entrada da Geral. Eram 15h05, agora contava menos de duas horas para o apito do juiz. Mais um martírio: outra fila colossal pela frente. Sempre invocando que estava com criança no colo, o pai, a muito custo, abriu caminho e conseguiu, afinal, adentrar o setor mais popular do estádio. Premido de medo e admiração, Joca olhava tudo com feição de espanto, os olhos pasmos, esbugalhados. Um longo túnel escuro os levava finalmente à luz do campo. Fazia-se uma apoteose iluminada: o azul do céu, a relva verde do gramado, o vermelho e preto de um lado, o branco-verde-grená do outro... Ao chegar ao seu "território", ou seja, ao ponto tradicional de onde sempre viam os jogos, lá estava Arthur, a conversar com muitos, como se estivesse num bar, entre os seus.

Ficava patente que era uma sumidade da Geral, formava-se um semicírculo de curiosos ao seu redor. Todos queriam ouvir seus comentários, saber quais eram seus prognósticos, sua análise tática do jogo porvir. O vizinho era como se fosse o próprio técnico. E, para hoje, o time treinado por Zagallo jogaria com o goleiro Renato e com os laterais Moreira e Vanderlei Luxemburgo; a dupla de zaga era composta por Chiquinho Pastor e pelo capitão paraguaio Reyes; no meio de campo, havia Liminha, Zé Mário e o camisa 10, Paulo Cézar Caju; os pontas eram Rogério e o argentino Doval; por fim, o centroavante era o irreverente Caio Cambalhota.

Não seria fácil superar o elenco do Fluminense de Félix e Gérson, tricampeões pela Seleção Brasileira, mas haveriam de vencer, a disposição é maior que a razão. Em torno de Arthur, surgia uma curiosidade paralela à partida. Era a sua misteriosa caixa, que continuava com ele, sem a devida explicação. Não se entendia como tinham deixado ele entrar no estádio com aquele objeto pouco discreto e volumoso. Por outro lado, mais uma prova de que Arthur era alguém especial na Geral. Tinha moral com os funcionários do Maracanã e mesmo com os policiais.

A verdade é que a caixa e Arthur não interessavam mais tanto a Joca. Preferia olhar, indisfarçadamente extasiado, para o monumento arquitetônico que o circundava. Primeiro via o gramado, ao rés do chão. A visão do jogo por certo seria sofrível. Alcançava tão somente o pé dos jogadores, de baixo para cima. E quando a bola estivesse na outra ponta? Aí é que não se enxergava nada mesmo. Erguia a cabeça e mirava, então, para o anel da arquibancada. Em cima, e de longe, mais parecia um formigueiro humano. Além das bandeiras multicores e multiformes que tremulavam, havia a batucada trepidante e incansável.

Os hinos marciais se alternavam com o ritmo do samba-enredo, que sempre começava a animar o público uma hora antes do espetáculo. A canção favorita do pai era uma glosa do samba da Estácio de Sá, "Bahia de todos os deuses", que se entoava nas arquibancadas desde o ano de 1969, quando desfilou na avenida Presidente Vargas. No Maracanã, a adaptação ficara assim: "Flamengo, os meus olhos estão brilhando/meu coração palpitando, de tanta felicidade/Tens na torcida uma força sem igual/meu glorioso Flamengo, cada jogo uma vitória, cada vitória um carnaval...". E por aí ia. Joca se sentia assim, palpitando de felicidade. O repertório da batucada ia mudando com o aproximar do jogo, mas sempre embalava geraldinos e arquibaldos. Não demorava para chegar a vez da música preferida de Júlio, um jingle radiofônico: "Olê, olá, o meu Flamengo tá botando pra quebrar."

No gradil, faixas de torcidas organizadas estavam dependuradas. Acima de Joca, estava a Charanga, do Jayme. Viu também a

Torcida Jovem, da Tia Helena, na altura atrás do gol. Reconheceu mais ao longe a Flamor, da Verinha. Divisou ainda a Flamante, chefiada pelo Ricardo Muci, um rapaz de classe média, estudante de Engenharia na PUC, conhecido de seu pai. E tantas outras faixas com nomes bizarros, com trocadilhos ora engraçados ora infames: Faroflafla, Dó-Ré-Mi-Fla, Beija-Fla (de Nilópolis), Flatuante (de Niterói), Flaponte (de São Gonçalo), Flaxiense (de Duque de Caxias, Baixada Fluminense) e tantas outras... Até que, para seu regozijo, achou uma representante do seu bairro! Era a Fladureira...

Os times entram em campo e uma cortina de papel higiênico é arremessada das arquibancadas à Geral. Joca protege a cabeça, ao mesmo tempo em que procura espiar tudo. Do lado tricolor, um pó branco levanta poeira e os torcedores somem da sua visão por alguns instantes. O espetáculo de talco e papel maravilha o menino, de sorte que, com a bola rolando, passa boa parte do jogo olhando mais para a torcida que para o time. Depois saberia que o público pagante daquele jogo fora de 136.829 pessoas, donde se conclui que havia, por certo, mais de 150 mil torcedores, pois havia sempre os amigos dos políticos que não pagavam ingressos e os pé-rapados que, sem dinheiro, saltavam os muros do estádio.

Para essa plateia gigante, o Fluminense começa melhor, no ataque para o lado da sua torcida, postada à direita das cabines de rádio. O ímpeto do adversário é arrancar a vitória logo nos primeiros minutos. E por pouco não sai o gol, com um bate-rebate a pererecar na pequena área da defesa rubro-negra. Ouvia-se o brado de um "uuuuhhh" coletivo do outro lado das arquibancadas.

O Flamengo não demora a se recuperar. A melhor equipe do campeonato sabe logo cavar a sua vantagem, transcorridos apenas 23 minutos de jogo. Um cabeceio de Doval indefensável para o arqueiro Félix. Delírio na Gávea! Delírio na Geral! Delírio no Maracanã! A explosão do gol cabeceado faz com que Joca se dissolva na multidão. Por alguns segundos, perde-se do pai, que, atarantado entre a comemoração e a necessidade de reaver o filho, comemora em êxtase.

Nesse bololô, depois de caído, desponta Arthur, com sua caixa. Caminha triunfal lá para a frente, na borda do campo, onde os jogadores acorrem para comemorar o tento, um por cima do outro. O momento caótico não impede o torcedor de abrir o recipiente. Ele retira um, um... urubu... e ato contínuo, sem pestanejar, o arremessa em campo. Para espanto de muitos, esse é o "gol" de Arthur. Todos no gramado, ainda desnorteados em meio à comemoração, se assustam com o bicho preto. O árbitro dá voz de comando e os gandulas são instados a correr atrás do urubu.

O bicho, malandramente, dribla um e outro garoto à sua cata. Na iminência de ser capturada, a ave alça um voo planado pelo campo, em fuga, mas agora sobranceiro. Após novamente arremeter e ser perseguido, volta a ganhar os ares, transcende o estádio e se evade para as bandas da Zona Norte do Rio. A torcida, em júbilo, comemora como se fosse o gol do "décimo segundo jogador". Delira com o feito do urubu, seu novo símbolo, inventado e consagrado havia alguns anos pelo cartunista Henfil no *Jornal dos Sports*.

Arthur se locupleta com seu feito, mas a caixa continua lá, em seus domínios, cerrada. Ela é novamente fechada, como um mágico com seu saco de guardador de invencionices. Sabe-se lá o que teria na caixola... O jogo recomeça. A pressão rubro-negra aumenta após o primeiro tento. A torcida pede mais um gol, quer uma vitória acachapante. E encontra em Paulo Cézar Caju, outro tricampeão mundial pelo Brasil, o seu grande artífice. Quinze minutos depois do primeiro gol, o fenomenal Caju dribla a esquadra tricolor na intermediária, avança para a grande área, despista três adversários e dá um passe precioso ao centroavante Caio Cambalhota. Este, com agilidade e rapidez, não demora a se desvencilhar de Félix e chuta para os fundos das redes vazias, sem goleiro.

Nova explosão. São tantas cabeças na frente que, na verdade, Joca mal vê o gol. O pai novamente desaparece, tresloucado, para reencontrá-lo dali a pouco, fora de si, tamanho o entusiasmo. Arthur novamente aciona a caixa. Corre mais uma vez altivo para a zona limítrofe da Geral com o campo, desinvolucra sua arca e lança outro urubu. A cena é desconcertante, ou dantesca. Novo aperreio para as autoridades. Desta vez, são policiais que perseguem o animal. Sem sucesso. Ainda que não voe com a mesma sagacidade que o primeiro, o urubu dá um tiro curto aéreo e volve a plainar na Geral, indo ao encontro de seu dono. Parecia até um animal de estimação de Arthur, que o recoloca no recipiente e fecha-o rapidamente, como a sugerir jogo encerrado, game over. A PM ainda tenta identificar o autor do desacato, mas o povo, em cumplicidade, faz uma espécie de cinturão, acoberta tanto Arthur quanto sua ave de rapina. O mais importante: Flamengo 2 a 0...

Com a desvantagem de dois gols, o Tricolor das Laranjeiras vai todo para a frente no segundo tempo. Logo aos quinze minutos, Jair faz um belo gol, e o Fluminense desconta. Reacendem as esperanças. O Flamengo, no entanto, não perde a tranquilidade ante um possível empate do adversário. Confiante no título, vai para o ataque, continua a lutar no lado do Fluminense, sob o comando do raçudo portenho Doval. Por seu turno, quando solicitado, o arqueiro rubro-negro Renato dá segurança na retaguarda do time. Passada meia hora de altercações e investidas não de todo exitosas de lado a lado, a decisão chega ao final: 2 a 1, Flamengo campeão. Mais da metade do Maracanã volta a explodir. Choros e abraços de torcedores e jogadores. O hino do Flamengo reverbera no alto-falante, em especial o verso: "nos Fla-Flus, é o ai, Jesus..."

Júlio, Arthur e todos voltam-se para Joca, o menino pé-quente, estreante no Maracanã, em sua primeira decisão. Para o Flamengo, um título histórico: campeão do Sesquicentenário. Paulo Cézar Caju ergue a taça. É festa na favela. Podia imaginar o foguetório em Madureira. Das arquibancadas, fogos de artifício iluminam a noite no estádio. Arthur volta a arremessar o urubu em campo e agora ninguém mais se importava em retirá-lo do tapete verde. Alguns geraldinos pulam o fosso e invadem o gramado, penduram-se nas traves, levam as redes, cruzam ajoelhados a extensão do campo, como a cumprir uma promessa. O pai de Joca, prudente, assiste àquilo de longe e, ânimos arrefecidos, decide tomar o rumo de casa, havia um longo périplo de retorno a percorrer até Madureira.

Com o resultado, tudo eram flores. Peregrinaria aonde fosse necessário. Logo pararam novamente no ponto do Everton, que agora vendia churros. Joca não resistiu. Júlio já estava sem seu parco dinheiro, o que tinha era contado para o trem. Mas a fome do menino era comovente e a alegria com a vitória valia a satisfação derradeira daquela fritura crocante de açúcar, canela e doce de leite. Contou o quanto sobrava de seus últimos vinténs e pagou pelos churros com o restante das moedas que tinha. E para o trem? Não sabia, pulariam o muro, diriam ao cobrador que foram assaltados, dariam lá seu jeito... Festa acabada, torcedores a pé.

No dia seguinte, o conhecido Nelson Rodrigues publicou na crônica de esportes d'*O Globo*. Sem se fazer de rogado, dado a hipérboles, o cronista arrematou: o título do Flamengo no Sete de Setembro de 1972 fora mais épico para a história do Brasil que os 150 anos de independência...

PAIXÃO CLANDESTINA

DANIELLE SCHLOSSAREK

Sua história começou com a minha. E a minha, por sua vez, começou com a bicicleta. O gol de bicicleta. Ou melhor, o gol de bicicleta no exato instante em que passei a existir como um ser choroso que saiu do ventre de minha mãe.

Meus tios e meu pai acompanhavam um jogo amistoso do Flamengo contra o Independiente de Buenos Aires, em São Januário, na véspera de Natal do ano de 1939. Minha mãe me dava à luz em um parto aparentemente simples, a não ser pelo fato de que resolvi chegar ao mundo de repente e com certa antecedência da data prevista. O que se conta é que, ainda bebê, decidi imitar o Flamengo, que, semanas antes, já havia conquistado o campeonato carioca antes mesmo de entrar em campo. Com essa conjuntura circundando os acontecimentos em torno de meu nascimento, uma das primeiras roupas em que me envolveram foi uma camisa rubro-negra.

Nasci de cabeça para baixo — como tantos outros bebês —, mas o que me diferenciava foi ter chegado ao mundo no momento em que Leônidas da Silva fez um gol de bicicleta, chutando aquela bola que, na altura de uma pessoa, levitava no ar. Maravilhando todo mundo que assistia, Leônidas empatava com o Independiente aos 31 minutos do segundo tempo. No final, o Flamengo perderia; um detalhe que as histórias de meu nascimento convenientemente esqueciam.

O mundo já estava em guerra, o Flamengo já tinha conquistado o sétimo título carioca depois de mais de dez anos, eu passei a existir e, tão logo consciente da minha individualidade, a jogar futebol.

O momento do gol de Leônidas foi o paradigma da minha existência, e não apenas pela razão óbvia de ter coincidido com o instante de meu nascimento. Era como se aquele gol tivesse emanado uma mágica misteriosa que se difundiu até chegar a mim e, ali, no meio de uma família rubro-negra, me atingisse em cheio.

As características da minha personalidade, adquiridas ao longo da infância, pareciam ter como causa direta o famoso — e belo — gol feito no minuto em que eu chegava ao mundo. Se eu fosse desobediente, era porque via o mundo de cabeça para baixo, de outro ponto de vista, com outras perspectivas. Se, por outro lado, alguma atitude minha fosse considerada extraordinária, era porque eu buscava soluções criativas, mirabolantes. Aprendi com certa facilidade a improvisar brinquedos, bolas, respostas, orações e, é claro, gols. As primeiras bolas de futebol que usei para jogar foram feitas artesanalmente com meias e jornais, atividade ensinada por tia Dulcinha, o que permitiu o desenvolvimento desse meu talento para a improvisação em todos os demais âmbitos da vida.

De um jeito ou de outro, chutar a bola — seja de que material fosse — no ar, com o corpo inteiro fora do chão, levantando uma das pernas acima da cabeça, de costas para a baliza, era a metáfora perfeita da minha vida. No fundo, cresci acreditando que poderia resolver todos os problemas fazendo alguns malabarismos no ar.

O principal problema que me assomava quando adolescente surgiu no momento — tão emblemático quanto meu nascimento — em que me proibiram de jogar futebol. Essa proibição foi quase uma crueldade, já que o tempo inteiro definiam minha vida em torno do famoso gol de bicicleta de Leônidas. Além disso, na minha infância, eu já tinha acompanhado mais jogos que todos meus colegas de escola juntos.

Até o dia da proibição, era inconcebível não passar algumas horas da semana jogando e treinando levitar no ar a fim de fazer um gol após os malabarismos mais ousados para uma criança. Era inimaginável não dar alguns dribles e chutes todos os dias.

Aquele foi o primeiro luto pelo qual passei: o luto da ausência da bola caseira, companheira desde meus primeiros momentos de vida, fruto da proibição que me foi imposta. Foram os piores dias da minha juventude, eu chorava constantemente, em especial quando passava pelo grupo de meninos que jogava na rua transversal onde morávamos. Não conseguia admitir que meu destino não estivesse atrelado, de alguma forma, ao jogo de futebol. Afinal, cresci ouvindo isso.

Com a lenda do meu nascimento em mente, tentei uma solução para meu dilema. Leônidas já não jogava mais pelo Flamengo havia muitos anos, mas seu gol de bicicleta continuava a exercer fascínio e poder sobre mim. Buscando alguma solução improvisada e mirabolante, em 20 de janeiro de 1954, exatamente no intervalo da final do Campeonato Carioca de 1953, contra o Botafogo, anunciei:

— Não sou mais flamenguista.

Essa frase saiu de minha boca como se me cortasse inteiramente por dentro. Foi a primeira mentira dolorida que expressei. Eu entendia que seria por uma boa causa e prossegui incluindo a condição para que eu voltasse a torcer pelo time da minha família:

— Não sou mais flamenguista enquanto não puder jogar futebol.

Achei que minha estratégia seria genial, tal qual um gol de bicicleta. Ocorre que, assim como em 1939, quando nasci, também naquele início de 1954, o Flamengo já era campeão antes mesmo da partida final, quebrando um jejum de muitos anos sem ganhar o título carioca.

Novamente com o campeonato na mão, minha frase não soou como a ameaça que eu esperava. Afinal de contas, era eu quem estaria perdendo ao não torcer pelo time rubro-negro. Pior que isso: minha afirmação foi encarada como uma traição. Falhei com minha família, falhei com o Flamengo e não consegui autorização para jogar bola. Tudo que consegui foi o desprezo dos parentes, um sentimento abominável de injustiça e um castigo que me impedia de acompanhar as partidas de futebol futuras.

Nada era mais cruel do que aquilo.

Como um resquício de esperança que tornaria a vida mais suportável, minha tia — a mesma que me ensinou a construir uma bola de futebol com os recursos disponíveis em casa — novamente me trouxe uma solução. Tia Dulcinha. Era como chamávamos a única irmã solteira de meu pai. Pequena, franzina, ágil, mas calada, tia Dulcinha era um mistério para as crianças. Não se casou, não teve filhos, sumia por dias e reaparecia com soluções práticas tanto para a casa quanto para a família. Preferia construir coisas a falar, mas sua voz estridente jamais deixou de advogar pelas crianças quando necessário. Cansada da minha tristeza e atravessada por um sentimento de maternidade não realizada, decidiu quebrar a imposição familiar.

Às escondidas.

Perguntou se eu queria ir a um campo de futebol que quase ninguém do bairro ou até da cidade conhecia. Obviamente respondi que sim e, já no caminho, me transformei na mais pura alegria personalizada: a energia máxima de uma vitória com um chute de bicicleta de costas para a baliza e com o corpo inteiro no ar. Eu não fazia ideia do que aconteceria em seguida, mas, no fundo, acreditava que daria muito certo. Naquela época, já tinha ouvido falar em jogos clandestinos, mas não sabia onde aconteciam, tampouco quem deles participava.

Logo que chegamos, tia Dulcinha acenou para algumas pessoas. Meu coração pulava para fora do meu corpo, minha boca entreaberta balbuciava expressões de surpresa, meus olhos brilhavam, e a alegria me tomou completamente quando me deparei com um campo de futebol em que poderia jogar novamente. A bola, percebi logo, era de um couro marrom opaco. Linda, redonda e deslizante, passeava pelo campo como meus pensamentos naquele momento. Eu tentava disfarçar toda minha emoção, quando Helena, uma de suas amigas, perguntou meu nome:

— Joana — respondi, gaguejando.

Não sei como descrever o que se seguiu sem recorrer a imagens oníricas. Minha emoção, e eu só soube depois, agregava o sentimento de todas as mulheres e meninas que alguma vez tinham jogado naquele campo clandestino. Sim, naquela época, éramos proibidas de jogar por decreto, mas aquele lugar representava uma luta muito maior que a disputa de bola no tempo regulamentar.

— Vamos jogar, Joana? Ouvi dizer que você sabe fazer gol de bicicleta.

No dia seguinte, eu estava lá novamente, no dia depois daquele também, e em quase todos que se seguiram. Casei e sua mãe nasceu. Quando ela já conseguia dar os primeiros passos, escondida de toda a família, voltei a frequentar os jogos clandestinos enquanto a proibição de jogar futebol não arrefecia. Assumi o lugar de Helena, recepcionando e treinando as meninas e mulheres que chegavam ao campo buscando um espaço para simplesmente jogar bola. Vivíamos, contudo, atemorizadas por ouvir histórias de amigas e conhecidas que jogavam em outros campos e foram descobertas pela polícia.

Como não nos encontraram?

Coloco tal fenômeno na conta da mágica do gol de bicicleta que me atingiu quando nasci. Tal qual a manobra de um corpo fazendo um gol desses, estávamos levitando num espaço suspenso da realidade e ali permanecíamos protegidas, amando e lutando pelo que desejávamos fazer. Mesmo aquelas mulheres que não tinham qualquer talento para se insurgir integravam aquele grupo, colaboravam para que o futuro pudesse abarcar nossa existência.

Hoje, minha neta querida, você está vestindo essa camisa rubro-negra pela primeira vez.

Um dia, se assim desejar, será profissional, será aplaudida por uma torcida, receberá seu salário, poderá comemorar sem ter o que esconder. Poderá, também, sonhar que isso tudo é possível.

Nesse dia, você vai lembrar dessa história. E da paixão clandestina que nos fez jogar.

Ao jogar, lutamos por nós. E por você.

Nota: A prática de futebol feminino passou a ser proibida em 14 de abril de 1941, quando Getúlio Vargas editou o Decreto-Lei 3.199, que, em seu artigo 54, previa: "Às mulheres não se permitirá a prática de desportos incompatíveis com as condições de sua natureza, devendo, para este efeito, o Conselho Nacional de Desportos baixar as necessárias instruções às entidades desportivas do país." Em 1965, o Conselho Nacional de Desportos (CND) citou nominalmente os esportes proibidos: "lutas de qualquer natureza, futebol, futebol de salão, futebol de praia, polo aquático, rugby, halterofilismo e beisebol." A proibição só foi revogada no ano de 1979.

PEREBA

RAPHAEL VIDAL

"Olá, meu parceirinho! Está a jogo ou está a passeio?"

João Antônio em *Malagueta, Perus e Bacanaço*

O moleque mirrado, assustado, último reserva, foi escalado. Finalzinho de partida. Mata-mata. Corre de um lado para o outro, e seus pés atrapalhados desenham labirintos indecifráveis entre as quatro linhas. Nesse vai e vem, se dedica, sem sequer encostar na bola. Os braços balançam no ar na tentativa de avisar ao mundo que existe, mas não vê resultado. É o delírio dos acréscimos num 3 a 2. Convoca aos berros a atenção dos demais, esperneia. Atravessa o gramado de ponta a ponta. É sombra seguindo o traçado da redonda. A sensação é a de que ainda falta jogador em campo. Ninguém, dos contra ou a favor, dá como presente sua existência. Todos em busca do troféu, menos ele. Um só toque na barrigudinha venceria seu próprio campeonato.

— Toooca!

Às vezes, há pessoas e esportes que combinam tanto, e este era exatamente o caso contrário. O moleque nunca foi bom no futebol. Faltava por completo tanto equilíbrio como domínio. Inexistia habilidade para dar passo acompanhado de uma esfera de borracha cheia de ar. De repente serve para goleiro, é o que geralmente dizem nessas horas. Entretanto, se mostrava óbvia a total incompatibilidade em todas as posições, entre elas, a de gandula. E de forma alguma que o gostar mais das leituras fosse a questão. Muito menos a timidez no lero-lero. Seriam desculpas caso não existisse seu visível esforço em fazer parte daquilo que não lhe pertencia. A parada é que treino ajuda, mas não concebe milagre. Nem era considerado. Estava ali pelo acaso da falta de quórum.

— Aqui!

Por trás do alambrado, na arquibancada, um coroa se destaca entre as torcidas juvenis. Traje do Flamengo, índio-mulato, barba feita, pançudo de rabo de cavalo, a guia de Ogum cruzando o peito do manto sagrado. Fuma enquanto sorri. Bate palmas com uma mão na lata. Enquanto o surdo da charanga atravessa e o repique evolui, acompanhado de gritos de guerra e bandeiras aos céus, o velhote se levanta e rege a orquestra. Dentro do estádio — universo de gente —, aquele torcedor rubro-negro é o único que enxerga festa no jogador invisível. Canta e vibra tão sozinho quanto para quem torce. É o que os conecta para além de avô e neto.

— Eu! Eu!

O goleiro dribla no contra-ataque, rouba e toca do meio-campo. *Tic-tac.* Da banheira, o pequeno pula pedindo. *Tum-tum, tum, tum-tum, tum.* Pela esquerda, avança o lateral tocando bonito com o camisa 9. *Olê, olê, olá.*

Cruza.

A branquinha atravessa voando o tapete verde, em câmera lenta, e segue seu caminho rumo ao desconhecido. Há aquele clarão dentro da pequena área. O menor percebe a chance. Ela cai e rola em sua direção. Geral tenso. Vai chutar e marcar. Não tem como dar errado. O mundo, enfim, será justo. Foi visto e vai comparecer. Será lembrado.

****

Bebia seu guaraná no balcão e olhava para o mais velho. A tristeza por furar o lance decisivo dava lugar ao encantamento. Curioso modo de viver a vida o daquele seu de sangue que festeja até em derrota. O avô convocou os parceiros para queimar uma carne. Narrou de cabeça os toques não feitos, os dribles tomados, os chutes nunca dados, os gols perdidos. Estavam todos vidrados, abraçados pela felicidade de ouvirem sobre a pelada. Apontou para o neto como quem diz: "Ele estava lá." E imediatamente os olhares, misto de inveja e alegria, não pelo revés do perna de pau, mas pela sorte de ele poder ter assistido ao futebol. Ofereciam ao menor: balas, chicletes, bombons e picolés, como oferendas a seu Deus. Foi diante dessa experiência incompreensível — Exu soprando em seu ouvido o segredo da maior do mundo — que nasceu mais um flamenguista. Torcendo, o pereba também é alguém que está pra jogo.

O MURO

FLAVIO IZHAKI

Na noite anterior, eu havia deixado a camisa dobrada dentro da mochila da escola. O plano era colocá-la quando chegasse na Gávea. Mas quem aguenta? No ônibus, eu já tirei o uniforme do colégio e vesti o manto. Aquilo fazia parte do meu plano: chegar no muro vestindo a camisa do Mengão.

O ônibus se aproximou do Miguel Couto e puxei a cordinha para avisar que iria descer naquele ponto. O motô fez um joinha com a mão quando viu minha camisa. Eu pensei: é hoje! E gritei bem alto quando saltei do ônibus para o chão:

— Mengo!

Ao dobrar a esquina, eu já conseguia ver o muro. As paredes brancas, descascadas, os vermelho e preto pintados em listras largas. Também dava para ver uma tinta branca mais nova cobrindo uma parte do muro que havia sido pichada. Mas isso pouco importava.

Minha cabeça já estava naquela fila lá longe, as costas no muro, as cores rubro-negras como destino. Eram 7h30 da manhã. A existência daquela fila na Gávea parecia uma miragem. Quando ouvi da existência da fila pela primeira vez, achei que era um caô de um menino da escola. Toda primeira segunda-feira do mês, às 9 horas, eles cadastram os meninos para fazer a peneira. Mas tinha que chegar antes, porque a fila era grande e acabavam as senhas. Seria verdade que existia um local de inscrição para a peneira do Flamengo? Quem impedia que aquele segredo não se espalhasse pela cidade inteira?

Eu caminhava devagar até a fila e calculava que ali estavam não mais que trinta garotos, todos mais ou menos da minha idade, 13 anos. Alguns acompanhados pelo pai ou pela mãe. A maioria, sozinha. Cheguei ao muro e peguei o último lugar da fila. Ainda faltavam uma hora e meia para abrir. Eu não sabia o que esperar. Será que estava no lugar certo? Poderia perguntar, mas tinha vergonha. Eu não sentia como se pertencesse àquilo. Os meninos à minha frente eram mais altos, mais magros, alguns até mesmo fortes em seus corpos adolescentes. Eu era branquelo, um pouco acima do peso, estava com uma mochila pesada de marca nas costas.

Os primeiros cinco minutos na fila foram de silêncio. Não só meu, mas de todos. Não sei se era o nervosismo ou a hora. O barulho vinha dos carros que cortavam a rua em alta velocidade, era cedo ainda para o trânsito de buzinaço que aconteceria dali a uma ou duas horas. Dei um passo ao lado e observei novamente a fila, agora como parte dela. Alguns garotos estavam sentados, as costas apoiadas no muro.

— Bom dia. Aqui é a fila da peneira? — A pergunta foi feita por um homem de uns 40 anos acompanhado de um menino menor do que eu.

Eu fiz que sim com a cabeça. Ele agradeceu, e os dois, então, colaram as costas no muro. E logo depois apareceu outro menino, e outro, e outro, e um grupo de três que chegou junto, e outro com a mãe, e outra mãe que trouxe dois. Em minutos, não éramos mais trinta, e sim quarenta. E até 9 horas, quantos seríamos? Pensei que minhas chances acabavam ali, alguns daqueles meninos seriam melhores que eu, talvez até mesmo todos os meninos daquela fila fossem melhores que eu.

— Você sabe se o teste é hoje mesmo? — perguntou o menino que veio com o pai.

Eu tremi. Hoje mesmo? Não podia ser. Eu não tinha chuteira ali. Meia. Caneleira. Eu não estava preparado.

Ele repetiu a pergunta, como se meu silêncio fosse problema de audição.

— Não. Hoje eles dão um papel dizendo quando vai ser a peneira.

Quem respondeu foi o menino que estava à minha frente. Ele tinha uma calma na voz que soava como um veterano de fila. O garoto de trás agradeceu e falou para o pai:

— Não disse? Trouxemos a chuteira à toa.

— Não custava se prevenir.

Eu aproveitei a deixa e puxei papo com o garoto da frente.

— Oi. Sabe se só abre às 9 mesmo?

— Acho que sim. Mas às vezes demora mais.

— Você já veio aqui?

— Já, sim, mas com os meus irmãos mais velhos. Eu ainda não tinha idade. Chegou minha vez.

Eu fiquei maravilhado com aquela resposta. Aquela intimidade com o Flamengo, a fala baixa, mas segura. Será que os irmãos dele jogavam no clube?

— E eles jogam no Flamengo? — perguntei.

— Eles não passaram — disse, e virou para a frente.

Fiquei com vergonha pela pergunta. E temeroso com a resposta. Claro, não passaram. E quem passaria? Não eu, certamente.

— Na verdade, o primeiro passou em duas peneiras. Foi dispensado na terceira.

Outro garoto saiu de três posições adiante na fila e veio se juntar à nossa conversa.

— Tem várias fases, é?

— Tem.

— E onde é a peneira? — perguntei.

Ele respondeu o local. Eu assenti positivamente, como se conhecesse. Não sabia onde era. Nem como chegaria lá. Pediria para o meu pai me levar? E buscar? Que mico seria ele ficar esperando por mim. Quer dizer, tinha muitos pais e mães na fila, mas não eram como meu pai, que trabalhava num banco de camisa social.

— E a peneira, como é?

As perguntas seguiam, e eu me mantinha absorto em pensamentos. O garoto da frente respondia com sua voz baixa e segura.

— Eles dividem os times lá. Tem os jogos, vão observando e tirando uns, colocando outros.

— Mas divide na sorte?

— Por idade, acho. Aqui todo mundo é 13/14, né?

Eu tinha 13. Qual seria a minha chance? Nenhuma.

— Também tem a coisa da posição.

— Que coisa da posição? — perguntei.

— Quando você se inscreve aqui, já fala a posição que quer jogar.

— Tem isso, tem? — perguntou outro, magro, bem magro.

O menino-oráculo acenou positivamente. E então cada menino foi cantando a sua posição. Centroavante. Meia, camisa 10, ponta, centroavante, centroavante. A cantilena de posições chegou na vez do menino da frente, e ele disse “zagueiro”. Todos olharam para mim:

— Ainda tenho que pensar.

E era verdade. Eu não havia pensado nisso. Na verdade, no que eu tinha pensado mesmo quando fui para aquela fila? Que direito eu tinha de estar lá? Eu que nunca havia jogado em campo nenhum na minha vida. Jogador de futebol de salão de escola e de clube. Peladeiro. Só pensava em jogar bola. Contava os dias da semana pelo lugar em que jogaria naquele dia. Mas apenas salão, tênis da Penalty no concreto ou no taco do Grajaú Country. Nem chuteira de campo eu tinha. Só uma para soçaite. E que, mesmo assim, já estava pequena no meu pé. Que coisa é essa de posição? No futebol, basta qualidade. Não que eu tivesse tanta assim. Era bom, muito bom, mas não craque. Tinha disposição também, mas quem naquela fila não teria? Para jogar no Flamengo! A coisa de posição, então, parecia impossível de ser resolvida. Eu jogava salão, quatro na linha e um no gol. Eu jogava em todas. Tentei racionalizar aquilo que fazia por instinto. Geralmente, quanto melhor o time, mais à frente eu jogava. Para mim, futebol era ganhar, evitar sair para a de fora, então, para vencer, era importante não tomar gol. Num time que eu sabia ser mais fraco, jogava de beque parado. Seria o zagueiro do futebol. Em geral, era mais ala, um dos dois que ficam no meio caindo para a lateral, em geral uma marcação individual eterna na defesa. No ataque, ajuda na saída de bola, na transição, mas chega na frente para meter seus golzinhos. Eu fazia alguns. Tinha um caderninho no qual marcava todos os meus gols desde os 7 anos. De pivô, eu quase nunca atuava. Não via graça ou beleza em atuar de costas para o gol, só rondando a área, procurando um rebote como se fosse um prato de comida. Gostava era de ficar com a bola no pé. Quando a coisa apertava, eu trocava com o goleiro e fechava o gol. Sempre tive bons reflexos e era impetuoso, me atirava nos pés dos atacantes e foda-se.

— Meia — disse, mas, quando falei, o papo já era outro, e todos ficaram olhando para mim com uma cara estranha. Recuei para o muro. Tirei a mochila das costas e a coloquei entre as minhas pernas.

— Será que a gente vai encontrar o Júnior?

— Que Júnior o quê, mané! — falou o outro, batendo na cabeça do menino com uma força exagerada. Eram amigos, pelo menos. Ou irmãos.

— O Júnior, pô! Queria conhecer o Júnior.

— E eu, o Júnior Baiano — disse baixinho o menino-zagueiro de fala calma na minha frente.

— É, o Baiano.

E, então, a fila ganhou um coro alto.

— Uh Baiano é mal, pega um pega geral, ô! Uh Baiano é mal, pega um pega geral, ô!

Um grandão tirou a camisa e começou a rodá-la em volta da cabeça.

— Uh tererê! Uh tererê!

A essa altura, a fila já não era mais uma fila, mas uma arquibancada. O muro já não era um muro, mas a própria torcida. Uma torcida depois da explosão do gol e da beleza de todos se sentirem unidos na mesma onda, um filete de mercúrio que explode no chão e se afasta em micropedaços metálicos para depois voltar a se unir como um imã.

— Atenção aí. Silêncio, por favor.

Era um sujeito magro, alto, calvo, uniforme de treino do Flamengo. A torcida se dissipou em correria de volta ao muro. Agora eram de novos candidatos, concorrentes. Eu dei um passo à frente e olhei a fila. Antes, pareciam ser quarenta pessoas, agora eram quase o dobro.

— Silêncio aí, garotada.

Nem um pio.

— Seguinte: vou distribuir as senhas. São trinta. Quem não receber a senha pode ir embora.

Uma algazarra de vozes. Eu novamente dei meu passo à frente e fui contar quantos garotos haviam na minha frente na fila. Estava nervoso. Tinha dúvidas. Aquele grandão ali não podia ter 13 ou 14. E o pequeninho? Parecia ter 10. Não vou contar. Errava, recomeçava. Eu era o número 29. Ou algo do tipo.

— Não adianta chiar. São trinta senhas porque não dá para testar mais de trinta meninos. Tem algum goleiro aqui?

Um menino levantou a mão. O garoto baixinho de 10 anos.

— É goleiro mesmo? —perguntou o calvo.

O menino respondeu com um breve aceno. Ou nem isso. Ele estava na frente, e não consegui escutar. O funcionário fez um muxoxo.

— Goleiro não entra na conta. São trinta, mas goleiro não conta. Se não tiver goleiro suficiente, tem os meninos do clube treinando lá que podem agarrar.

O homem, então, mandou todo mundo colar no muro.

— Só as crianças, por favor. Pai, mãe, tio, irmão, padrinho, papagaio, empresário, por favor, saiam da fila um pouquinho para que eu possa distribuir as senhas. Vou dar as senhas e contar em voz alta para não ter confusão. Um. Dois. Três. Quatro. Cinco. Seis. Sete. Oito. Nove. Dez. Onze.

Um grupo de dois pais e duas mães veio de lugares atrás de mim na fila e cercou o funcionário.

— Por favor. Peço por favor. Deixem eu distribuir as senhas. Depois eu converso com os senhores e as senhoras.

— Doze. Treze. Catorze. Quinze. Dezesseis. Dezessete. Dezoito. Dezenove.

Eu tentava contar quantos meninos ainda estavam na minha frente, mas não conseguia. Eram mais altos. Eu não ousava descolar minhas costas do muro, com medo de perder o meu lugar.

— Vinte. Vinte e um. Vinte e dois. Vinte e três. Vinte e quatro.

Vai dar, vai dar, eu pensava. E tentava contar. E na minha conta, dava 29, depois 30, na sequência, 31. Depois, 30 novamente. Será que contei o goleiro? Não vai dar. Que merda!

— Vinte e cinco. Vinte e seis. Vinte e sete. Vinte e oito. Vinte e nove. Trinta.

O calvo colocou a mão na minha cabeça quando disse trinta e ficou com ela parada ali, me afundando para o chão.

— O garoto aqui é o último. Quem está atrás dele pode ir embora — disse, e me entregou a senha com um trinta escrito em caneta vermelha. Coloquei a senha no bolso da mochila e, então, lembrei de respirar.

O enxame de pais, mães e adolescentes passou zumbindo atrás do funcionário, que andou apressado para a porta do clube sem dar atenção a ninguém. A fila atrás de mim foi minguando, até que, de repente, não tinha mesmo ninguém depois de mim.

Um senhor puxando um menino maior do que ele pela mão passou gritando palavrão contra o clube. Levantou a camisa e mostrou uma tatuagem do Vasco. Foi xingado.

Um homem, acompanhado de dois meninos, parou do meu lado e do menino calmo e tirou uma nota de 10 reais.

— Olá, meninos. Qual o nome de vocês?

— Júlio — disse.

— E você, garoto?

— Juan — disse o menino, a contragosto.

— Júlio, Juan, meus garotos aqui sonham em jogar no Flamengo. E eles são craques. Vão passar. Estou aqui com dez reais para vocês passarem as senhas de vocês para eles. Dez reais.

O menino calmo disse que não e virou o rosto em outra direção.

— E você, garoto? Cinco reais limpos.

— Não, é meu sonho também.

— Mas você nem vai passar. Está meio gordinho. Eles nem aceitam ninguém gordinho. Você vai ver.

— Não.

Ele desistiu. De mim, da gente, e passou a seguir a fila oferecendo 5 reais. Depois, tentou 10. Seis lugares adiante, um menino magro aceitou. Vinte. Negócio fechado. O mais alto dos meninos pegou seu lugar na fila. O mais baixo seguiu com o pai até o primeiro da fila, mas ninguém mais topou trocar. Ele voltou pela fila em sequência, oferecendo 30. Nada. Até que uma mãe gritou 50 e fez seu filho aceitar.

— Mês que vem a gente volta. Traz até seu irmão menor também. Dá para sonhar e ganhar dinheiro.

— Oi.

— Oi — respondi.

Era um menino um pouco menor do que eu.

— Seguinte. Eu tenho 14, sabe? Eu tenho 14 e faço 15 no mês que vem. Então tô achando que essa é a minha última chance.

Ele fez uma pausa. A fala era clara; o tom de voz, tranquilo.

— Eu sei que vacilei. Vacilei mesmo. Só que moro em Guapi e, para chegar aqui a essa hora, eu precisei acordar às 4 horas e pegar duas conduções. E teve o trânsito. Tava tudo parado. Eu nem sei se é assim mesmo ou sei foi só hoje. porque nunca venho pra esses lados.

Eu continuei ouvindo.

— Cheguei um pouco depois de você. Quer dizer, acho que foi só um pouco depois. Tava umas dez posições atrás na fila. Vi que o pai do garoto aí da frente te ofereceu dinheiro pelo lugar. Mas eu não posso fazer isso. Tô com o dinheiro contadinho para voltar. Nem café eu tomei e nem vou tomar. Então dinheiro mesmo não posso te dar.

— Eu não quero dinheiro — eu disse.

— Eu sei, eu sei. Desculpa. Mas então. Deixa eu te falar uma coisa. Eu sempre quis ser jogador.

— Todo mundo aqui quer.

— Verdade. Mas eu quero muito mesmo. Preciso. Vou fazer 15, e meu pai já disse que preciso começar a trabalhar. Mas meu sonho é ser jogador. E lá no bairro, eu jogo todos os dias. E jogo bem, viu? Com adultos já. Eles até me pagam para jogar no time deles nos campeonatos. Mas assim: não é sempre. Só em época de campeonato. E meu pai disse que isso não é dinheiro certo, que não dá futuro, não é trabalho. Mas eu pensei que, se eu entrar no Flamengo, ele muda de ideia. Ele é muito flamenguista. Vou conquistar o velho assim.

E ele continuou a contar a história dele. E a história dele era triste e bonita. E eu comecei a pensar. E pensar demais é foda, porque você começa a questionar uma porrada de coisas. Será que eu realmente passaria naquele teste? Será que eu ia chegar naquele teste, ou será que desistiria? Será que eu era bom o suficiente? E poderia voltar no mês seguinte. Eu havia adorado aquela manhã no muro, não me importaria em voltar no mês seguinte. Era só matar aula novamente. E que direito eu tinha de estragar o sonho de outra pessoa? Uma pessoa que talvez merecesse mais do que eu. A fila foi escoando, o garoto falando, falando.

— Fica aí atrás de mim que vou desenrolar.

— Mas como?

— Fica. Pega o lugar na fila atrás de mim.

— Tá.

Oito. Sete. Seis. Cinco. Quatro. Três. Dois. Um.

— Trouxe os documentos?

Entreguei.

A senhora dentro do guichê:

— Cadê as cópias?

Abri a mochila e procurei. Não conseguia encontrar. Eu sabia que tinha levado as cópias, mas cadê de achá-las naquele momento.

— Um minuto.

— Sem documento não pode. — E ensejou me devolver o original.

— Calma, calma.

— Você vai tentar desenrolar para mim?

— Calma, cara. Deixa eu achar meus documentos. Aqui, achei.

Ela olhou, conferiu com o original, copiou alguma coisa no caderno e me devolveu.

— Posição?

— Goleiro — eu disse.

Ela me devolveu um papel com endereço e carimbo. Entreguei a senha de número trinta para o menino atrás de mim e fui embora.

O DIA DO JOGO

TIAGO VELASCO

O pai vinha repetindo havia algumas horas, Fabinho, vende esse ingresso, o Flamengo não leva esse tricampeonato. Dá tempo ainda de desistir, insistia o pai, ouve o que tô te falando, já vi essa situação antes. Fabinho nem aí, odiava aquele papo, o tom superior de quem acredita que os anos de vida conferiam uma sabedoria premonitória.

O rapaz já tinha marcado com o pessoal na porta do metrô de Botafogo, de onde partiriam pro Maracanã. Se o Flamengo tinha conseguido dar o troco no Vasco, vencendo por 2 a 1, no segundo jogo dos três da final, por que não venceria novamente? Em jogo decisivo, pai, eles tremem. Vão ser vice de novo, pode anotar.

A verdade é que Fabinho não estava tão seguro, não seria fácil bater o Vasco por dois gols de diferença. Viola era matador, Euller, veloz, costumava fazer a festa nas costas do Alessandro. Fora que Pedrinho e Juninho Paulista eram uma dupla de respeito no meio. Ele se apegava à máxima de que em final não tem favorito. E o Mengão é time grande, não morre até o juiz apitar o fim.

Escolheu a regata rubro-negra, uniforme do time de basquete, e partiu pelas ruas observando, na superioridade de camisetas cruzmaltinas, a hesitação da torcida flamenguista.

Fabinho e os amigos desceram na estação São Cristóvão e seguiram em direção à estátua do Bellini. Logo já eram parte da multidão que cantava dá-lhe, dá-lhe, dá-lhe, Mengo; dá-lhe, dá-lhe, dá-lhe Mengo; dá-lhe, dá-lhe, dá-lhe, Mengo; seremos campeões pelas ruas, um entrosamento conquistado em anos de ensaios dominicais.

****

Ingresso, ingresso... Ingresso, ingresso..., Jurandir anunciava entredentes, um olho em quem tinha decidido comprar os tíquetes em cima da hora, outro nos policiais que montavam cavalos lustrosos. Quando algum torcedor diminuía o passo, era a deixa, não tem mais na bilheteria, já acabou, já acabou, nem adianta tentar, é só aqui na minha mão que tem. Um grupo de quatro pessoas parou, não é falsificado, né? Jurandir se manteve sério, né não, doutor, pode dar uma olhada. O homem pegou na mão, checou as duas faces em busca de indícios. Não parecia saber o que procurava, mas não ia passar por otário de bobeira. E aí, chefe, vai levar quantos? O homem conversou com os amigos por uns instantes. Devolveu os ingressos e falou que iam na bilheteria. Tomanocu, fiscal de ingresso é o caralho. Os amigos se voltaram pra trás, qual que é? Tu é cambista, rapá, não vem de marra. Jurandir cresceu, inflou o peito franzino, gritou algo na direção de um vendedor de cerveja que estava com um isopor próximo, o que tá pegando, Jura? Uma bomba explodiu a certa distância, os cavalos da PM se assustaram, Jurandir, no entanto, continuou andando na direção do grupo, encarando um a um. É melhor vazar, senão vocês tudo rodam por aqui, playboy. Os torcedores perceberam a movimentação dos ambulantes, o cambista não parecia que estava de brincadeira. Apertaram o passo, descendo a passarela. Jurandir ficou só de olho e viu quando o grupo encostou num policial e apontou o dedo pra onde imaginavam que o cambista estava. Com a movimentação dos policiais, ele achou melhor descer em direção à Uerj e mudar seu posto de venda. Bando de xis-nove de merda, se cruzo com esses babaquaras na saída, zaz, o sangue vai correr.

****

Nas cadeiras especiais, Maria Fernanda vestia um top rubro-negro, e Raíssa, de camiseta branca, usava um gorro com a Cruz de Malta estampada, apesar do clima não ser favorável ao uso do acessório. Era a primeira vez que as duas moradoras da Barra da Tijuca iam ao estádio. O pai de Raíssa estava junto, concentrado no jogo, enquanto as duas adolescentes cochichavam e riam, encantadas com o ambiente.

Maria Fernanda registrava cada quadrante do Maraca com sua cyber-shot de três megapixels que trouxe de viagem, comprei nos estêites, lá é muito mais barato que aqui. Não faltaram poses das duas com o campo ao fundo — fotos invariavelmente mal enquadradas — apesar dos gritos frequentes pra que não ficassem em pé, senta aí, porra, vamo ver o jogo, atrapalhando a visão dos torcedores acomodados em suas cadeiras.

Maria Fernanda não viu o pênalti, mas conseguiu, usando um recurso de disparos automáticos da cyber-shot, guardar a imagem do gol que Edílson Capetinha anotou aos 23 minutos do primeiro tempo. Na memória da cyber-shot, uma série de instantâneos permite ver a progressão de Edílson, sua perna esquerda firmando ao lado da bola, os músculos da coxa saltados entre o calção e a meia esticada quase até o joelho, enquanto a perna direita, fazendo um arco pra trás, concentrava toda a força que resultaria na batida certeira na bola, que, momentos depois, teria sido retirada do fundo das redes pelo goleiro Helton. Em seguida, várias imagens tremidas disparadas enquanto Maria Fernanda comemorava pela primeira vez um gol do Flamengo no Maracanã.

O jogo, no entanto, estava aberto, o Vasco pressionava, e parecia que o gol era só uma questão de tempo. A intuição de estreante de Raíssa captou o bom momento, e ela, apesar de estar a poucos metros da torcida flamenguista, começou a acompanhar a cantoria da torcida vascaína que empurrava o time. Perto do fim do primeiro tempo, Juninho Paulista empatou a partida. Raíssa pulou no ritmo do balanço das arquibancadas, soltando gritinhos finos, Juniiiinho, goooool, Juniiiinho, eu te amoooooo. Maria Fernanda achou graça, ajustou sua cyber-shot pro modo vídeo e apontou na direção da amiga, registrando-a ao vivo, ensandecida pelo gol, e, ao fundo, o som crescente da torcida vermelha e preta se sobrepondo aos últimos gritos de comemoração do adversário, piranha!, piranha!, piranha!

****

No intervalo, a Torcida Jovem do Flamengo fazia um alvoroço. Aê, esses caras tão muito felizes, vamo mostrar pra Força Jovem que, se a gente perder, a porrada vai comer, dizia Wesley. Os parceiros de torcida faziam que sim com a cabeça. Eles sabiam, no entanto, que não podiam ir em grupo pequeno, sob risco de não saírem vivos. Era preciso que a Torcida Jovem em peso partisse para o enfrentamento.

Dar porrada em vascaíno era um passatempo dos quinze minutos de intervalo. Coisa rápida. Apareciam de surpresa, avançavam em grupo pelas costas da Força Jovem, acertavam alguns incautos, e, logo depois, a organizada vascaína se recompunha e avançava em contragolpe, fazendo com que a TJF recuasse em disparada de volta ao seu posto no lado contrário da arquibancada. Ao longe, socos, chutes, bandeiradas na cabeça e breves linchamentos formavam uma coreografia de clarões e corre-corre.

Não demorou muito pra um grupo consistente se unir, Wesley, claro, entre eles. A estratégia era conhecida, já executada inúmeras vezes. Eles iam pelo corredor superior da arquibancada a passos velozes, por vezes aos pulos, hooliga, hooliga, hooliga, aludindo, ritmados, aos torcedores ingleses. Só paravam quando chegavam ao lado vascaíno ou se a polícia conseguisse interceptá-los antes.

A maior parte ali não tinha ideia do verdadeiro intuito de Wesley. Havia uma semana que ele maquinava o ataque em sua cabeça, repassava os momentos até o clímax, o grande final bem-sucedido de seu plano. Um amigo havia tido o azar de encontrar, no trem, quando voltava do trabalho trajado com a camisa do Flamengo, quatro integrantes da Força Jovem e não teve tempo de fugir. Apanhou e foi humilhado do Jacarezinho até Tomás Coelho. Um irmão, pensava Wesley, e ninguém mexe com irmão meu.

A raiva deixou sua boca ressequida a ponto de juntar uma baba branca espessa nos cantos dos lábios. Hooliga, hooliga, hooliga, gritava em um ritmo que naquele momento existia apenas em sua cabeça. Sob a camiseta estampada com tanques de guerra, ele escondia um calibre 38 de cano curto.

****

O radinho de pilha aos ouvidos anunciava o início do segundo tempo. Luiz negociava com os seguranças da grade pra entrar de graça. Não era a primeira vez que fazia isso, de tempos em tempos, ia ao estádio e jogava um papo em quem estava tomando conta dos portões. Nem na metade das vezes tinha sucesso.

Assim que terminou o primeiro tempo, ele tentou pular o muro próximo ao portão de entrada que fica nos arredores da Uerj. Antes mesmo de chegar ao chão, dois seguranças já o esperavam.

Luiz tomou uns esculachos e foi posto pra fora. Agora ele tentava pelo portão da estátua do Bellini. Mas não ia pular novamente.

Pô, companheiro, libera aê. Sou trabalhador, a grana tá faltando lá em casa. Os seguranças ouviam sem reação. Luiz ficava cada vez mais aflito à medida que o locutor narrava os lances com o costumeiro exagero. No alto-falante do radinho, bolas que poderiam passar a metros saíam triscando a trave.

Aos oito minutos, Edílson novamente meteu a bola na rede e deixou o Flamengo em vantagem. O Capetinha tá demais! Virou gigante na defesa do Vascão e, de cabeça, fez Flamengo dois, Vasco da Gama um. Rala, rala, rala, Vascão; barato bom é do Mengão, o couro come no Maraca!

Luiz se humilhava, ameaçava chorar, dizia que precisava entrar, que o coração flamenguista não ia aguentar se não visse o tricampeonato. Tá bem, mas você tem que ajudar a gente. O que vocês querem? Aí é com você. Luiz fez que não entendeu. Ficaram se olhando em silêncio um tempo. Uhhhhh, essa passou perto, Júlio César fez um golpe de vista e ficou só rezando. O jogo é lá e cá! Luiz mexeu nos bolsos, tirou uma nota amassada de cinco reais. Toma, é o que tenho. Os dois seguranças se olharam, e o que estava com a chave abriu a porta somente o suficiente pro corpo esguio de Luiz passar. Agora sobe rápido, não fica dando mole aqui, senão fica ruim pra gente.

****

Dois a um não era suficiente pra dar o título. Abílio olhava o relógio e parecia não acreditar. Era pro filho, Matheus, ter esse título na memória, era a primeira vez que ia ao estádio com o pai. Não que Matheus parecesse se importar tanto. Entre goles de refrigerante e muita pipoca, ele às vezes se interessava pelo jogo. Perguntava algo ao pai, que não perdia a chance de explicar detalhadamente, contar histórias de outros jogos e de quando seu pai, o avô de Matheus, o levou pra ver Flamengo e Olaria na rua Bariri. Um jogo em que a vitória era certa. Muito diferente de uma final de campeonato.

Já passava dos trinta minutos da segunda etapa, e a torcida cruzmaltina estava certa de que o título não iria escapar, está chegando a hora, o dia já vem, raiando, meu bem, eu tenho que ir embora. Foi a deixa pra Abílio, vamos, Matheus. Melhor a gente sair antes. Por quê? Pra gente evitar confusão, ir pra casa tranquilo. O filho não esboçou resistência, e os dois foram descendo a rampa da arquibancada que dá acesso ao corredor e seguiram silenciosos em direção ao portão.

Na passarela, já quase na entrada da estação de metrô, o Maracanã explodiu. Um barulho ecoou pelas ruas ao redor do estádio. Abílio e Matheus se entreolharam. Pai, o que é isso? Foi gol. Gol de quem? Não sei, filho. Mas eu quero saber. Eu também, filhão, e passou a mão sobre os cabelos de Matheus. Quando a gente chegar em casa, a gente assiste na tevê.

O VELHO E O SUPERMERCADO

MARCELO DUNLOP

Para Osvaldo Soriano e Eduardo Galeano,
que contaram história semelhante, só que verídica,
no livro *Futebol ao sol e à sombra.*

O aposentado catou o jornal com um bocejo e abriu direto no caderno esportivo, que o resto nunca prestava. Ajeitou os óculos e teve de rir ao espiar a manchete: “Crise na Gávea.” *Acho que já li isso antes*, pensou. Os espertos olhos azuis reluziram ao confirmar a data no topo da página: 10 de setembro de 2047. Era seu aniversário.

Ao chegar na cozinha, foi recebido com carinho pela mulher:

— Oi, amor. A família toda já confirmou presença no almoço festivo — disse a esposa, depois de um beijo. — Como o tempo voa! Sete ponto cinco, turbinado! Tá um garoto.

De brincadeira, ele pediu detalhes do cardápio do dia, pois já sabia a resposta. Hummm. Franguinho com quiabo! Seu prato predileto, havia décadas, aliás. Faltavam apenas alguns ingredientes, se ele pudesse buscar no mercadão...

Topou de bom grado. Era, afinal, um sujeito de hábitos antigos: ainda lia jornal de papel, fazia as compras pessoalmente e gostava de um carteado com os amigos, sempre na mesma mesa da turma, e não em jogos virtuais. Ah, os bons e velhos tempos...

— Aproveita e passa no play para chamar seu neto — lembrou a patroa. — Ele está batendo bola sozinho na parede, enquanto os vizinhos ficam jogando futebol holográfico e caçoando dele.

Arrumou-se e desceu. Após umas tabelinhas com o neto, tocaram para o supermercado. Apesar da banalidade do ato de comprar mantimentos, ele sempre se sentia diferente ao entrar ali. Bastava passar pela antiga estátua na porta para soltar um discreto suspiro de nostalgia.

Enquanto bongavam limões e maracujás para a caipirinha, o neto notou o olhar perdido do aniversariante, a quem nutria a mais profunda admiração. Vovô viera jovem da Europa, depois de perder amigos e testemunhar atrocidades num país em guerra civil. Chegou ao Brasil com 25 anos e, depois de suar a camisa, ganhou fama e colheu glórias no Rio de Janeiro. Pelo que o netinho ouvia, antes de ser um avô pacato e babão, era dono de uma personalidade turrona. Perto das verduras orgânicas, a criança resolveu quebrar o silêncio; puxando-o pela mão enrugada, perguntou então:

— Vovô... Foi aqui, não foi?

Com o português carregado de sotaque, ele tentou fazer graça, mexendo na cabeleira do netinho:

— Ih! Mas já faz tanto tempo... Acho que só você lembra, Pingo.

O neto insistiu. Tinha visto a cena várias vezes na internet, num antigo site chamado YouTube. Marcado pela cerradíssima curiosidade infantil, não restou ao velho gringo outra opção que não baixar a guarda:

— Sim, aconteceu aqui. Dá para imaginar?

Seguiram caminhando entre as prateleiras, rodeados de panelas, queijos e metros de linguiça. Ao passarem diante de uma senhora que arrastava um carrinho cheio de latas, bifes e verduras, o velho parou, o olhar perdido no tempo.

— Foi aqui, mais exatamente. Perto da caixa 217. Daqui eu marquei, com a camisa rubro-negra, um dos gols mais comemorados do Maracanã.

— Mas e a trave? Era aonde? — quis saber o neto.

O velho apontou o dedo indicador e sorriu:

— Se eu não estou lelé, ficava uns 25 metros para lá, um pouco mais. Vamos contar?

A criança foi andando, abrindo os passos mais largos que conseguia e contando até 25. O gol ficava perto dos vinhos — exatamente em frente aos portugueses. O aposentado, então, passou a recordar o lance, ocorrido havia quase 50 anos.

— Quando seu avô jogava no Flamengo, vinham umas 60 mil pessoas nos ver jogar. Era o público daquele dia. Tarde de final de campeonato, a cidade parada. O artilheiro daquele time era um baixinho chamado Edílson. Velho ranheta, nos falamos até hoje. Na época, éramos brigados. Mas isso foi bem antes de botarem o estádio abaixo, bem antes de construírem este gigantesco Walmart Maracanã.

— E por que acabaram com o estádio, vovô? Devia ser bonito!

— Ah, Pingo... Os habitantes da Terra gostam de duas coisas, de futebol e futrica, não necessariamente nesta ordem. Encontrar soluções, que é bom... Primeiro, acabaram com a magia do estádio. Depois, o abandonaram para apodrecer. Aí bastou passar os tratores no entulho que restou. Na época, o Rio tinha um governador, era chamado por um apelido que agora me escapa, e...

— Betão! Olha quem é o coroa, Betão!

Passavam dois faxineiros a bordo de um carro de limpeza motorizado, e um deles reconheceu o velho meia.

— Garoto, seu avô era um cérebro! E que pontaria, acertava onde a coruja dorme!

Sem entender a expressão dos tempos do Onça, ou da coruja, o neto voltou o olhar para o velho, que prosseguiu:

— O relógio marcava 42 minutos e 50. Finalzinho do jogo. A gente vencia a partida, mas precisava de um gol para levar a taça. Ali atrás, perto dos pneus, a torcida adversária já cantava "É campeão". Do nosso lado, alguns torcedores de pouca fé já andavam para a saída, amuados.

— E você não estava nervoso?

— De que isso adiantaria? Sabia que era a última chance e tratei de me acalmar. Só olhava a bola, ali paradinha. Pus as mãos na cintura e pensei em como ia chutar.

A essa altura, o faxineiro começara a filmar e transmitir a cena ao vivo pelo celular, atraindo ao supermercado alguns torcedores mais empolgados.

— Dali, pela distância, o normal seria apelar para a força e tentar um petardo. Eu optei por bater com o lado de dentro do pé direito, para a bola ganhar efeito e passar por cima dos últimos dois homens da barreira. Mais ou menos ali nos vidros de maionese.

Guardando os óculos, o aposentado se empolgou e começou a repetir o lance, cuidando para não esbarrar nas cartelas de pilhas e lâminas de barbear.

— A arquibancada lotada fazia um gesto engraçado com as mãos, como se emanasse energia para mim, ou melhor, para a bola, uma coisa maluca que dava certo. Olhei mais uma vez a bola, olhei o gol...

Compenetrado, as mãos na cintura, o avô percorreu três passos ágeis e curtos e, ante um silêncio respeitoso de todos em volta, simulou a cobrança. A mesma cobrança de 2001.

— Corri, bati e "plum"!

O velho Dejan ficou observando a bola imaginária subir uns cinco metros, tomar um efeito mágico e cair. No ângulo. Apesar da idade avançada, ergueu os braços e começou a correr enlouquecido, com o neto saltitando a seu lado. Fregueses, caixas, funcionários e uma penca de torcedores recém-chegados desataram a vibrar e aplaudir. Teve até ola. Sim, Petkovic tinha feito de novo o gol do tri, somente para que seu neto pudesse vê-lo.

— Que gol, vovô! E bem onde a lambuja dorme!

Perto de onde neto e avô se abraçavam, os dois faxinas voltavam ao trabalho:

— Que choro nada, Betão, sai para lá, eu tô cheio de coriza, cidade poluída do cacete... Mas me admira você, diz que é louco por futebol, aí pouco ligando. Uma cena tão bonita, a criança com o avô... Não tem coração, não, Betão?

Com cara de paisagem enquanto ajeitava uma lata de leite condensado, Betão deu de ombros:

— Gostar de futebol eu gosto. Mas sou macaco velho nesse mercado, enquanto tu é cabacinho. Quase todo mês eu vejo essa cena, igualzinha: mês passado mesmo apareceu o Renato Gaúcho, outro dia foi aquele político baixinho, ano passado veio o Zico...

UMA CAUSA POSSÍVEL

PAULA GICOVATE

Não usava camisa do time em dia de jogo de jeito nenhum. Da última vez, tomou um soco na boca na saída do Maracanã por causa de um roubo.

— Não leva não, pelo amor de Deus.

Era a cinco do Mancuso, comprada naquela semana com o final chorado do salário. Tentou negociar com o assaltante, ofereceu até o tênis, mas quando a faca saiu do bolso, a camisa saiu pelo pescoço, e ainda tomou o soco para "deixar de ser otário". Voltou sem camisa e com o aparelho de dente torto, eram dois prejuízos em um, mas, pelo menos, o Flamengo era campeão da Taça Rio.

— Não sei como você tem coração pra isso — a mãe, paramentada, segurando o urubu de pelúcia na mão, gritava na sala enquanto Miguel, hiperventilando, disse que "queria não gostar".

Não queria mesmo. O que o Flamengo fazia com ele era desumano. Era mais fácil se não sentisse nada, mas a verdade é que, desde que acordou naquela manhã do possível tri do carioca, não passava nem água. A possibilidade de ganhar mais uma estrela no uniforme mexeu com todo o cronograma da semana. Chegou atrasado no trabalho por causa do Globo Esporte, esqueceu de pegar a namorada na saída da faculdade por causa da mesa-redonda e parou de frequentar o PF do bairro porque não aguentava mais ouvir agouro do velho vascaíno, que achava que o campeonato já estava ganho com aquele 2 a 1 do primeiro jogo.

Miguel fingia costume para não entrar em briga, mas a verdade é que aquilo o consumia pelas entranhas, então concordava com a mãe, talvez não tivesse coração para isso — ou talvez o problema fosse ter coração demais.

À medida que o segundo jogo corria, a vitória parecia cada vez mais longe.

— Não entendo esses pontos. Como pode o Flamengo estar perdendo se está na frente?

Sem condição emocional para começar a explicar o sistema de vantagem de gol para a mãe, ele decidiu se trancar no quarto e não ver mais nada.

— Já pediu pra São Judas? —gritou ela do lado de fora.

A imagem do santo tinha sido um presente da avó materna, Dona Penha, flamenguista roxa, devota de São Judas contra o mal e pelas causas impossíveis.

Quando a avó se despediu deste mundo, deixou a pequena imagem para o neto com a certeza de que, com o amuleto em mãos, Miguel seria protegido e até seus desejos mais difíceis seriam realizados. O menino já tinha sido consagrado ao Tadeu no batismo, isso era laço forte.

— São Judas nunca vai decepcionar.

Então, se tinha um dia para o santo fazer milagre, era aquele, já que o gol da vitória contra o Vasco não saía de jeito nenhum.

Por insistência da mãe, Miguel foi pegar o Santo na estante. Chegou na sala na hora que o Pet ajeitou a bola. Segurou firme a imagem, BORA MEU SÃO JUDAS, e, na hora que saiu o gol, Miguel gritou um palavrão que deixaria o Vaticano inteiro constrangido. Beijou Judas no rosto, gritou, abraçou a mãe, jogou o urubu de pelúcia para cima e prometeu fidelidade eterna à bandeira da Sérvia e ao Santo das Causas Impossíveis. Mas, infelizmente, essa história de amor durou pouco.

Quando o Campeonato Brasileiro mudou para pontos corridos, Miguel achou que ia ficar ruim para o time.

— O Flamengo é time de chegada, quando tem final ele cresce, mas é duro de construir.

— Você também, né? Três anos de namoro e nenhuma aliança no meu dedo. Seu humor depende de resultado de jogo, e quando você finalmente me chama pra viajar, é pra ver jogo no Mineirão?

Cansada dessa instabilidade de pontos corridos, Marina achou que sua dupla com Miguel andava tão mal quanto o time do Flamengo. Decidiu desmanchar o namoro, e aquilo marcou o coração rubro-negro para sempre. Saíram de campo juntas, as memórias de Marina e a fé no santo milagreiro.

— Tirou até São Judas da estante? O que ele te fez?

— Não fez foi nada. Acho que São Judas virou casaca, agora todo ano tenho que fazer conta pra ver se o time não vai cair no Brasileirão.

Levou a imagem de volta para o quarto da mãe.

— A fé não colabora assim, não, Miguel. Não é só quando a gente precisa. Tem que agradecer quando a maré está boa e acreditar quando ela está ruim. É assim que funciona o mistério.

Mas foi um tempo de decepção com o futebol, com a fé e com o amor.

Quando 2009 começou, Miguel já não tinha a menor esperança. O time mais uma vez corria o risco de ser rebaixado. Havia parado de frequentar o restaurante do vascaíno de vez. A queda era iminente, declaravam toda vez que Miguel entrava lá. Um elenco improvável, um técnico que saiu no meio, “técnico ruim, a gente perde, mas pelo menos se livra dele”, e os próprios jogadores pareciam insatisfeitos. Foram treze rodadas de tristeza.

— Não dá mais, mãe, pra salvar esse campeonato nem se São Judas aparecesse no campo pra dar bênção.

Mas Dona Jaci, filha de Vó Penha, tinha no sangue a mesma fé de quem insiste que a vida pode ser um pouco melhor. Colocou o santinho na estante de Miguel de novo e bateu um papo direto com o Judas Tadeu. O filho estava desanimado, sem acreditar em nada. Marina tinha ido embora, ele estava tirando notas horríveis na faculdade de Educação Física, e o Flamengo, essa paixão gigante, estava indo de mal a pior.

— Quando uma mãe reza, ela escancara a porta do céu — disse Dona Jaci, olhando para a televisão, no dia que Adriano chegou ao time de capa e coroa, como um verdadeiro imperador. — Agora a sorte vai mudar, filho.

Miguel não queria dizer, mas até que tinha ficado meio balançado.

O retorno de Adriano veio com ares de socorro atendido.

Ele voltou a assistir os jogos no dia da estreia de Didico. A camisa 29 do Imperador virou objeto de desejo para figurar ao lado daquela de Mancuso. Queria não estar tão animado, já tinha sentido isso outras vezes, mas no dia do 2 a 0 no Atlético Paranaense, teve uma lufada de esperança.

— Eu voltei pra ser feliz — disse o Imperador na coletiva ao lado da mãe e da avó. A santíssima trindade de um homem são as mulheres que o trouxeram para o mundo.

Penha e Jaci, uma fé louca no Santo e em Miguel. Era preciso acreditar. "Com um pé no chão, mãe", porque já tinha visto esse jogo outras vezes. Mas as coincidências estavam lá. Andrade estava de volta como técnico. Para completar, Pet também havia retornado. Miguel, então, decidiu voltar com São Judas para a estante da televisão.

— Mas tô de olho aberto em Tadeu, vou confiar desconfiando.

A verdade é que aquele time queria muito vencer, e por causa de toda a magia que andava acontecendo, Dona Jaci decidiu ver sinal em tudo.

— Se Pet tem 37 anos, e no último jogo do Flamengo o Zico tinha 37, essa é a idade do Cristo Flamenguista, Miguel!

E foi justamente na trigésima sétima semana que o Flamengo finalmente alcançou a liderança com Pet e Adriano em uma sintonia divina contra o Corinthians.

— Viu só! — disse Dona Jaci, apostando no 37 em todos os jogos da casa lotérica.

Aquele era mesmo o campeonato mais emocionante da história dos pontos corridos. Não lembrava de um Brasileirão que não estivesse definido já nas últimas rodadas, havia algo de diferente rolando no ar, ele sentia.

— Mas mesmo assim, já disse, vou confiar desconfiando, Dona Jaci.

Então, naquele dia, na rodada final contra o Grêmio, como de costume, Miguel não quis czolocar a camisa para ver o jogo. Estava solene, coração na boca, "queria não gostar tanto assim, mas não tem jeito".

No primeiro apito, o Flamengo entrou em campo e o Maraca veio abaixo gritando que hoje era o dia da vitória, mas aos 21 minutos do primeiro tempo, o atacante marcou um gol pelo Grêmio, e o estádio silenciou.

— Não é possível que a gente não ganhe um Campeonato Brasileiro! — disse, já chutando a cadeira da sala.

— Que que é isso, Miguel! No primeiro desafio, já vai desistir?"

E o pior é que, lá no fundo, ele acreditava na vitória. A tal voz da intuição tinha acertado outras vezes, mas com o Flamengo jogando tão mal, estava difícil acreditar nesse sentimento. Esse lance de ter fé é uma coisa confusa.

Dona Jaci foi até a estante, pegou São Judas Tadeu e deu na mão de Miguel.

— Pede que ele vai resolver.

E numa reza bem desconfiada e a contragosto, Miguel prometeu ao santo que, se o Flamengo ganhasse, ia peregrinar até a igreja, comprar uma imagem grande do santo e seu primeiro filho ia se chamar Tadeu.

Não sabia se por mágica ou coincidência, mas minutos depois, saiu o gol do empate. Agora só precisava virar.

Durante os comerciais, Miguel bebeu água, respirou e olhou o santo de soslaio. A promessa ainda estava *sub judice*.

Pela janela da frente da casa, o velho vascaíno gritava pedindo para Miguel não se empolgar muito. O sangue subiu. Dona Jaci aumentou ainda mais o volume ao começo do segundo tempo. Quando a bola rolou, mãe e filho seguraram o santo, e no minuto 24, a magia aconteceu.

Ronaldo Angelim, num gol de cabeça, entregou a vitória para o Flamengo.

Nunca se gritou tanto naquela casa. O Flamengo fez a nação chorar, um filho abraçar forte a mãe, gritar na janela, correr o bairro em volta olímpica para zoar o velho vascaíno e reatar com a namorada afirmando que podia lhe faltar muita coisa, menos paixão.

No dia seguinte, foi visto subindo de joelhos a escadaria da Igreja de São Judas, e dizem que, alguns anos depois, saiu um Tadeu com camisa do Flamengo da maternidade. Miguel tinha palavra, todo mundo sabia. Mas agora também tinha fé.

E AÍ, QUAL FOI O TEU PRIMEIRO JOGO?

ROMULO NARDUCCI

"E novamente ele chegou com inspiração
Com muito amor, com emoção, com explosão em gol
Sacudindo a torcida aos 33 minutos do segundo tempo
Depois de fazer uma jogada celestial em gol"

Jorge Ben em "Fio Maravilha"

Prólogo

Narração: (...) catando pela direita, perdeu para Artur. Recupera Rogério, dá a Fio... Vai marcar... Passou pelo goleiro, bateu, é goool! Goool do Flamengo! Golaço de Fio, driblando inclusive o goleiro José Henrique... Recebeu de Rogério numa estocada fulminante do Flamengo! O Crioulo Doido! Foi lá e deu uma de Pelé, sacudindo a torcida do Mengo!

****

Leandro entrou no Bar da Frente, em São Gonçalo, faltando 23 minutos para o início da final de Flamengo x Athletico Paranaense pela Copa Libertadores da América. O rapaz vestia a camisa comemorativa do mundial de 81, que trazia nas costas o número 10 e o nome de Zico.

O local estava lotado. Ao virar-se em direção ao balcão, observou uma tevê de plasma no canto superior direito da parede, onde uma pequena multidão se concentrava e aguardava ansiosa pelo início da partida, ocupando todas as mesas do salão. Tentou localizar algum conhecido, mas seria impossível ficar na parte de dentro do bar naquele calor e com aquele falatório. Seguiu para o varandão dos fundos, onde ficavam as mesas de sinuca, mas havia outra turma de vermelho e preto que já se posicionava alvoroçada para ver o jogo pelo telão instalado no calçadão, na parte de baixo, que dava para a rua da Caminhada.

Os torcedores do varandão se portavam como se estivessem numa espécie de área VIP, por conta da visão privilegiada do telão. Leandro constatou que realmente poderia ser o melhor lugar para torcer pelo Flamengo e tomar a sua cerveja, mas no local havia a passagem que dava acesso para a escada, e o ir e vir das pessoas tumultuadas em busca de bebida poderia tirar a sua atenção da partida.

Decidiu, então, que iria se juntar ao pessoal que dividia as mesas na calçada. Mas, antes, se dirigiu até ao balcão e cumprimentou Denílson, o simpático dono do bar, que lhe recebeu com um aperto de mãos amistoso e um sorriso cheio de esperança pelo título. Comprou o seu litrão de Bohemia e seguiu com o planejado. Ao descer as escadas com a cerveja, sentiu um pouco de ansiedade ao ver os jogadores no telão, se aquecendo antes da partida. Enquanto buscava por um lugar, ouviu, dentre a música alta e o falatório generalizado, uma voz rouca e gentil:

— Garoto, se quiser, pode colocar a tua cerveja aqui na minha mesa.

Ao se virar, deparou-se com um senhorzinho moreno, baixinho e de cavanhaque branco. Usava um boné todo preto e uma camisa vermelha que trazia a estampa de um urubu com braços humanos musculosos e que trajava uma camiseta do Flamengo e tocava um tambor.

Leandro deu uma rápida olhada ao redor e viu que não haveria outra saída. Com um sorriso de agradecimento, assentiu com a cabeça, pousou o seu litrão ao lado da garrafa de Brahma do simpático homenzinho e estendeu a mão, se apresentando:

— Prazer, Leandro.

O senhor ajeitou o boné e repetiu o gesto dizendo em voz alta, por causa do barulho:

— Pode me chamar de Duda. Todo mundo aqui no Patronato me chama assim, de Seu Duda.

— É um prazer, Seu Duda.

— O prazer é meu, rapaz. Me diz uma coisa: o teu nome é por causa do maior lateral de todos os tempos?

O rapaz, rindo, encheu o copo enquanto respondia:

— Que nada! É por causa do cantor de sertanejo. Sou de uma família inteira de tricolores. Minha mãe era fã do Leandro e Leonardo. Não é à toa que meu irmão caçula se chama Leonardo.

— Rapaz, olha que interessante... — disse Seu Duda, brindando com Leandro. — Você vem de uma família de pó de arroz e torce pelo Mengão! O que deu em você pra virar a casaca?

Leandro deu um bom gole na sua cerveja e disse:

— Quase todo mundo era tricolor. Olha, é uma história interessante. Eu tinha 7 anos de idade quando o meu avô, que era o único flamenguista da família, me levou às escondidas pra ver a final do Flamengo e Vasco. Ele disse que ia me levar ao parque, o que sempre costumava fazer. Mas quando me dei conta, a gente estava chegando no Maracanã lotado. As torcidas disputando pra ver quem cantava mais alto... E foi justamente naquela final de 2001.

— Eu tava nesse jogo, garoto — disse Seu Duda, limpando a espuma da cerveja de seu bigode com as costas da mão direita.

— É sério?

Inclinou-se na direção do rapaz e, aumentando o tom de voz, por causa do falatório e do funk que tocava às alturas, continuou:

— Sim, o Mengão tinha que fazer 3 a 1 no Vasco. Eles tinham vencido o primeiro jogo por 2 a 1. A gente precisava vencer por dois gols, por causa do placar agregado dos dois jogos.

— Isso mesmo, a gente devolveu o placar, mas a vantagem do empate ainda era deles.

— Aí, veio o milagre, garoto!

Leandro deu uma risada erguendo o copo. Um *flash* de lembrança fez os olhos marejarem, e, então, ele falou entusiasmado:

— Aos 43 do segundo tempo, aquele gringo sem vergonha chamado Petkovic, que jogava à vera, fez aquele golaço de falta! O Elton deve estar catando aquela bola até hoje! Cara, digo, o senhor não tem ideia do que esse momento foi pra mim. Quando dei conta, eu tava sendo jogado pro alto pelo meu avô. Eu gritava, chorava, todo mundo ao lado se abraçava pulando. Foi uma coisa de outro mundo. Voltei pra casa flamenguista, como se já tivesse sido a minha vida toda. O meu pai e os meus tios, quando souberam, ficaram revoltados com o meu avô. Mas aí, já era! E o senhor sabe, né? Uma vez Flamengo, sempre Flamengo!

— Que história bacana, garoto! Eu sei como foi aquela explosão. Foi muito lindo! Eu tava lá. O técnico era Zagallo. Ele saiu no jornal no dia seguinte apertando a imagem de Santo Antônio. Uma figura, esse Velho Lobo. Coisas que a vida faz. Essas voltas — disse Seu Duda, com um olhar nostálgico.

— Que voltas, seu Duda? E vem cá, qual foi o teu primeiro jogo?

— Bem, não foi o meu primeiro jogo. Mas também tenho uma história e tanto. Eu, aos 17 anos, era gandula do Flamengo...

— Carai! O senhor foi gandula do Mengão?! — interrompeu Leandro, empolgado.

— Fui, com muito orgulho. E sabe quem era o técnico? — perguntou Seu Duda ao rapaz, antes de dar uma golada na sua cerveja.

— Em que época?

— Eu pareço ter essa carinha de 30 — disse, fazendo sarro de si mesmo e arrancando uma gargalhada de Leandro —, mas fiz meia sete mês passado.

— Tá, seu Duda. Diz aê!

— Quando falei das voltas que a vida dá, é que o jogo que marcou a minha vida foi numa época em que o Zagallo também era técnico do Flamengo. E eu tava lá, de gandula, na beira do campo no jogo do Flamengo contra o Benfica pelo Torneio Internacional de Verão de 72!

— Esse é o jogo que...

— Exatamente! O jogo que virou música do Jorge Ben! Mas nem ia ser música, nem nada, se o Arilson não tivesse se machucado no segundo tempo. O jogo já não tava muito legal, tava morno, aí não teve jeito, Zagallo teve que colocar Fio para jogar. O Lobo não gostava dele, tinha certa implicância. Fio tava em má fase. Ele era como o Obina, se lembra? Um azarão que perdia gol a torto e direito, mas que a torcida gostava, porque chegava nuns momentos decisivos, ele ia lá e marcava.

— Não acredito! O senhor tava mesmo nesse jogo?!

Naquele momento, o DJ cessou a música no bar. Os torcedores explodiram em êxtase, cantando e ovacionando o Flamengo.

Seu Duda encheu mais uma vez o copo e chegou ainda mais perto de Leandro, dizendo:

— Tava! Era gandula. Enrolava pra cacete quando o time tava ganhando.

— E aí?

— E aí que o jogo tava truncado. Depois de trinta minutos do segundo tempo, o negão me pega uma bola de Rogério, dá um drible no goleiro e pronto... o Maracanã veio abaixo! Um golaço! Um golaço do Fio! Do Fio Maravilha, garoto! — disse Seu Duda, sorridente, levantando o seu copo para Leandro, que brindou encantado.

— Eita! Que história, Seu Duda!

— E essa história de hoje, garoto?

— Estou confiante.

— Aquele vice pro Porco não desceu!

— Hoje dá Flamengo! — disse Leandro, antes de virar o resto de cerveja no copo.

— Felipão tem endurecido nos últimos jogos, né?

— Vamo pensá positivo! O Athletico Paranaense tá entalado até agora com aquele gol de bicicleta do Pedro. Já é Freguês!

A conversa foi interrompida pela narração de Paulo Andrade, da ESPN, anunciando que os times estavam prontos para entrar em campo. Leandro se calou e sentiu o seu coração acelerar ao ver as duas equipes enfileiradas no túnel do estádio de Guayaquil. Seu Duda também ficou, por um momento, concentrado naquela cena. De repente, como quem desperta de um transe, virou-se, dizendo:

— Vou buscar mais uma pra gente molhar a palavra.

— Pô, Seu Duda! Depois é por minha conta.

Antes de sair, Seu Duda pôs a mão no ombro de Leandro e perguntou com uma certa tensão:

— E aí, qual o teu palpite, garoto?

— É Mengão campeão! — disse Leandro, com firmeza, em alto e bom som.

— Confio nesse palpite!

O povo cantava e batia palmas enquanto seu Duda subia as escadas para o bar.

"Tu és time de tradição, raça, amor e paixão, ó meu Mengooooo..."

A PAIXÃO DE ODILON

RODRIGO SANTOS

Namorávamos fazia pouco mais de um ano, e eu finalmente havia decidido apresentar pessoalmente para ela a minha paixão mais antiga. Ela já sabia, claro, foi uma das primeiras informações que achei por bem estabelecer, devido a experiências frustradas e implicâncias anteriores.

"Então, se tiver jogo do Flamengo, você vai preferir o jogo?"

"Vou. Quarta e domingo, às vezes sábado."

"Mas e se não for um jogo importante?"

"Todo jogo do Flamengo é jogo importante."

Ela levava na brincadeira. Como em todo começo de namoro, em que um acha bonitinhas as esquisitices do outro.

"E se for... Hmmm... Flamengo e Olaria?"

"Flamengo."

"Mas é contra o Olaria!"

"Flamengo."

Com o tempo, as coisas foram se amainando, o amor por ela crescendo e reivindicando espaço em meu coração.

"Flamengo e Boavista?"

"Amistoso?

"Não, final de alguma coisa."

"Se for final, Flamengo. Se não, você."

"E Flamengo e Vasco?"

"Flamengo."

"E se for amistoso?"

"Flamengo, ué!"

"Mas amistoso não vale nada!"

"Você que pensa. Flamengo e Vasco é profissão de fé, além de ser alegria na certa. Até se for campeonato de purrinha."

Foi justamente em um Flamengo e Vasco que marquei de levá-la ao Maracanã. Almoçamos juntos na casa da mãe dela (uma lasanha maravilhosa), e meu pai passou logo depois para dar o bonde, meu irmão a tiracolo. Vinícius era fruto de outro casamento, a gente era irmão só por parte de pai. Moleque era gente boa, mas meio merdeiro — como todo moleque.

— Hoje eu vou invadir o campo, mano — disse ele logo que entramos no carro, todos uniformizados.

Eu tinha me apaixonado de primeira, mas agora, olhando para ela com esse top rubro-negro, percebi que era definitivo. *É com essa mulher que eu quero dividir a minha vida toda*, pensei.

— Isso, vai invadir o campo pra depois a gente ter que ir no BEPE tirar você, né?

— O que é BEPE, Nêgo?

— É a polícia dos estádios, Amor. Se depender de mim, vai dormir na cadeia.

— Sou menor, não dá nada.

Moleque merdeiro. Tenho para mim que a culpa era toda do meu pai. No meu tempo, bastava ele assobiar que eu materializava ao seu lado, com medo de tomar um tapão. Falava que, se eu fosse preso com droga, ia mofar na cadeia, que ainda ia pagar advogado para me deixar mais tempo na tranca. Aí, teve esse moleque depois de velho, ficou frouxo.

O Maraca estava lotado, era mais um retorno do Vasco à primeira divisão, e o nosso primeiro jogo do Campeonato Brasileiro contra eles naquele ano. Pra eles, jogar contra o Flamengo era meta de vida, final de campeonato existencial. Pra gente, mais um dia para rir da cara dos manés e três pontos garantidos.

Ela nunca havia visto nenhum movimento semelhante. Nem nas corridas que fazíamos no Aterro, nas manhãs de domingo, tinha tanta gente com as mesmas cores, os mesmos propósitos.

Estava maravilhada.

— Gente, que coisa linda isso!

A gente estava comprando os copos do jogo, que naquele dia traziam o desenho do Bruno Henrique, nosso unicórnio, o "ôto patamá", finalmente recuperado da contusão e pronto para voar.

— É, mas se o Flamengo perder, você não vem nunca mais.

Ela me olhou com uma expressão nova, que eu ainda não conhecia. Um misto de indignação e curiosidade.

Linda demais, misericórdia!

— É sério — disse meu pai. — Se perder, foi você que agourou.

— Eita, então, se der ruim, eu é que sou a zica?

Todos rimos, ela continuou sem entender nada.

— É que ZICO aqui é nome santo. Se tem ZICO, é coisa boa.

Dei um beijo pra quebrar o clima ruim, mas era verdade mesmo. Ela nunca tinha ido ao Maracanã. Se perdêssemos para o Vasco naquele dia (logo pro Vasco!), a culpa seria dela.

Ainda bem que, aos 8 minutos de jogo, essa não era mais uma questão. Numa bola roubada na nossa intermediária, David Luiz subiu até o meio-campo e lançou para o Arrascaeta, que matou com a lateral do pé, levantou a cabeça e jogou na área. Gabi girou a cabeça e matou o goleiro, Flamengo 1 a 0.

— Da próxima vez, a gente podia ficar ali — disse ela, olhando para a Raça em êxtase no momento do gol.

— Nêga, nem eu fico ali.

No segundo gol (Éverton Ribeiro cortou pra dentro e bateu rasteira, no cantinho), eu percebi o coroa. Estava sentado na fileira à frente da nossa, todo paramentado: camisa, boné, bandeira, radinho, tudo rubro-negro.

E chorava.

Achei estranho, claro. Não parecia um choro de felicidade (ainda era o primeiro turno do Brasileirão, nem tinha motivo pra se emocionar — ainda mais contra o Vasco). Mas ele chorava, copiosamente.

Terminou o primeiro tempo, Flamengo 2 a 0 nos bacalhaus. Meu pai e Vinícius foram comprar cerveja, levando nossos copos do Bruno Henrique, e eu fiquei contando como era o Maracanã antigo, principalmente em como era ir ao banheiro.

— Sem contar que, às vezes, o banheiro vinha até você.

— Como assim, Nêgo?

— Ah, era um tal de copo com mijo voar nas costas de quem estava mais embaixo...

— Que nojo!

— Pois é. Esse Maracanã é outro. Eu entendo os saudosistas do velho Maracanã, também tenho minhas lembranças boas. Mas o povo esquece dos perrengues, das porradarias e dos copos de mijo.

Meu pai voltou com as cervas, tudo pronto para o segundo tempo. Saída com o Vasco, os caras lançam uma bola bandida pra frente, na maluca, o lateral (nem sei o nome, não estou aqui pra ficar gravando time do Vasco, né?) corre igual a um doido, chuta, e a bola entra no canto do Santos.

Dois a um.

— Esse filho da puta mão de tiranossauro do caralho! — Ela olhou pra mim espantada. — Ah, porra! Olha essa alma sebosa! Vai tomar no seu cu, Aderbar!

Isso, e mais o hinário popular do baixo calão que era desfiado ao redor, mas destes irei lhe poupar, caro leitor. Lembrei de ter 6 anos e ficar com a mesma cara que ela ficou quando ouvi meu pai, semievangélico (a cervejinha atrapalhava), xingando como um marinheiro sueco bêbado. "No estádio pode, meu filho", e ali ele me transmitiu um legado — que honro com louvor e assiduidade.

Jogo que segue. Aos 12, outro gol do Gabi. Correu para a torcida adversária, tirou a camisa, tomou amarelo, fez seu show. Cara, eu sou muito feliz pelo atleta Gabriel Barbosa jogar no meu time, porque ô cara chato! Entendo todo o ódio das torcidas adversárias, mas por aqui é só amor, ídolo demais.

Pelo canto dos olhos, vi que o velho agora chorava mais. Uma das coisas que mais me incomodam é gente estranha chorando na rua, sempre fico pensando no motivo e em que eu poderia ajudar. Parece bobagem, mas é assim. Fazer o quê?

Desci.

— Senhor... O senhor está bem?

Ele olhou espantado, dando um salto.

— Ahn... Claro, claro. Tudo ótimo.

— É que a gente está ali em cima — apontei para a família, meu pai e Vinícius nem aí para a cena, olhos no gramado, e ela observando apreensiva com aquela expressão de "sai daí, não te mete" —, e o senhor está chorando desde o primeiro gol. Algum problema, Seu... Seu...?

Ele suspirou.

— Não, nenhum. Pode me chamar de Vanderlei. Volta para a sua família, garoto, está tudo bem.

— Então o senhor tá só emocionado com a vitória do seu time, né, seu Vanderlei?

Tentei fazer uma graça, doido pra fugir logo e ver o jogo com ela. No campo, uma entrada dura do zagueiro cruzmaltino quase tirou Arrascaeta do jogo. Confusão daqui e dali, amarelos lançados ao ar, Gerson puxando Gabi como em um cabo de guerra pra evitar a expulsão.

O homem olhou para mim, e um painel escuro se levantou em seus olhos, seus lábios se comprimiram.

— Não é meu time.

O cara estava todo paramentado de rubro-negro, desde o manto até o radinho. Aí, do nada, mete que não é Flamengo?

— Senhor, o senhor está...

— É uma homenagem. Na verdade, eu sou Vasco.

Juro que, naquele momento, temi pela vida do homem.

— Acho melhor o senhor não falar isso muito alto, não, porque...

— Sem problemas. Acho que ninguém se importa.

— Mas... — Maldita curiosidade! — Se o senhor é Vasco, por que está...?

Abanei a mão, mostrando o óbvio. Lá de cima, ela me chamava. Meu pai agora discutia animadamente (mas ainda não de maneira belicosa) com um outro pai de família ao lado. Pedi pra esperar.

— É uma homenagem, meu filho. Uma homenagem a um grande amigo que não está mais aqui. Ele era flamenguista.

— E quando ele morreu?

— Hoje. — E voltou a chorar.

Olhei para o campo, jogo truncado.

— Seu Vanderlei, vou aqui em cima ver meu pessoal. Fica bem aí, ok?

Ele só bateu com a mão e abaixou a cabeça. Era uma cena estranha, a bandeira do Flamengo em suas mãos arriadas.

— Tudo bem. Depois eu volto então, beleza?

E subi.

— Nêgo, por que o homem estava chorando?

— Nem te falo. Você acredita que ele nem Flamengo é? O amigo dele era, e ele está fazendo uma homenagem. O cara morreu.

— Caramba, que legal! Deve ser um cara muito maneiro mesmo.

Assenti com a cabeça e voltei para o jogo. Eu gosto mesmo de futebol, saca? Não curto nem ver jogo em bar, um parnavoeiro da porra, um monte de Zé ruela falando bobagem. Eu gosto de ver o jogo, por isso geralmente vejo em casa, quando não consigo ir ao estádio.

O jogo seguiu, e não me ajudou a tirar a história do seu Vanderlei da cabeça. Por que ele estava no Maracanã, e não no enterro? Lembrei que meu avô só foi enterrado uns dois dias depois do óbito. Se o amigo morreu hoje, ainda tem velório e tal.

Placar feito, 3 a 1, três pontos pra conta e mais alguns meses zoando os amigos vascaínos... Lá pelos 40 da etapa final, a curiosidade falou mais alto.

— Peraí, amor, já volto. Vinícius, o jogo vai ficar nisso mesmo, compra ali um cachorro-quente Geneal pra você e um pra ela. O quê? Nada disso, Nêga, você precisa provar esse cachorro-quente, nem que seja pra falar mal igual a todo mundo. Toma, Vini.

Dei o dinheiro na mão do moleque e desci. Sentei-me ao lado de seu Vanderlei.

— Que maneiro, cara! Vem cá, qual era o nome do seu amigo?

— Odilon. A gente se conheceu no cursinho preparatório pra concursos. Ficamos amigos imediatamente. Nossa única diferença eram os times: ele, flamenguista doente. Eu, vascaíno sadio. Estudamos juntos, queríamos muito passar em um concurso militar. Estudamos juntos, passamos pra EPCAR.

— Serviram juntos, então?

(Do canto dos olhos, quase que Gerson faz um gol de placa, mas o goleirinho foi lá buscar. Por que o Santos não pega essas bolas?)

— Não. Eu descobri que era daltônico nos exames. Ele foi pra Aeronáutica, e eu, pra Federal de Química. Fez carreira, o Odilon. Carreira brilhante. A gente se reencontrou tem uns dois anos.

— Massa... E a amizade voltou?

— Com força total. A gente sempre teve um lance, né? Mas eram os anos 90 e tal. Muita repressão. Daí nos encontramos de novo, ele estava se separando da Adelina, quase indo pra reserva. Meu casamento com a Yolanda também estava uma bosta... Bom, resumindo: não demorou, a gente estava morando junto, eu e o Odilon. — Suspirou e olhou para os pés. — Ah, Odilon...

Tentei quebrar um pouco o clima ruim.

— E ele morreu de quê?

Vanderlei voltou a chorar, agora com mais força. Constrangido, sem saber o que fazer, dei meu copo do Bruno Henrique para ele beber. Ele pegou, virou o resto da cerveja morna e me devolveu.

Senti algo pegajoso. Olhei para o copo. No rubro do desenho rubro-negro, um encarnado de sangue.

E no negro do rubro-negro também.

O homem me olhou e sorriu, uma lágrima descendo do canto do olho direito.

Voltei para meu lugar, atônito.

— Você está bem, Nêgo? Pensei que não fosse largar o velho.

— Amor, o... o velho não é flamenguista, ele...

Igor Jesus roubou a bola (Vidal saiu pra não ser expulso, estava demais) e lançou para o Bruno Henrique quase na intermediária adversária. Um come seco no lateral, tapa na frente e correria. Que saudades de ver esse moleque jogar! Tudo o mais desvaneceu (como acontece comigo nessas horas), e só restou o Flamengo.

Da linha de fundo, BH escapou de um carrinho criminoso, levantou a cabeça e cruzou. Gabriel subiu cheio de fome pra cabecear... e errou.

Errou a cabeçada, goleiro pulou pra pegar, zagueiro no chão. Mas a bola pegou no rosto e rolou pelo corpo do Gabi até chegar na ponta do pé esquerdo. Nem foi um chute, foi mais um empurrão com aquela junção entre canela e tornozelo, e a bola foi rolandinho parar no fundo das redes.

Gol do Flamengo, *hat-trick* do príncipe endiabrado, que correu pra torcida adversária, tirou a camisa, fez gesto do Hulk (dos quadrinhos, não o da sobrinha). Os copos voando no Gabi me lembraram os copos de mijo que voavam da arquibancada para as cadeiras e que eu tinha acabado de contar pra ela.

Era o que faltava pro kissuco ferver. Fechou o tempo. Não deu nem pro juiz chegar, os jogadores que estavam no banco do Vasco foram tirar satisfação com o Gabriel, Gerson chegou apartando, o meio de campo virou uma praça de batalha.

— Amor, é agora que o tal do BEPE entra em ação?

Eu não conseguia falar nada. O gol, o encantamento, a superioridade no placar, o porradeiro generalizado... O sangue no copo.

Olhei para o Vanderlei, e ele olhava pra mim com uma cara de "o que eu posso fazer?"

— Alá, entrou a polícia. — Vinícius estava pilhado, parecia que ia invadir o campo a qualquer momento.

Do túnel, vieram uns dez, doze PMs. Eu deveria ter estranhado, o pessoal do BEPE não vestia farda, e sim calças de tactel e camisas azuis. Correram, mas não na direção da briga (a essa altura, o juiz só batia com o vermelho no ar, sabia mais nem o que ia colocar na súmula). Vinham na nossa direção.

Vieram pelo gramado. O segurança de campo (os tais stewards) abriu o portãozinho, e os policiais subiram.

Na direção do Vanderlei.

Que sorria e agitava a bandeirinha do Flamengo, mantendo o olhar fixo em mim até ser lançado ao chão e ter algemadas suas mãos manchadas de sangue.

DEFESA

CECILIA GIANNETTI

— Na minha família, nunca teve disso!

Ele estava revoltado. E, com aquelas palavras, encharcou a maternidade de perdigotos. As tias contam que meu pai já tinha problema antes de eu nascer. Que, quando ele cismava com algo, nada podia estar tão longe da realidade que ele não conseguisse enxergar como fato. E as coisas que ele via o enfureciam. Mas minha mãe sempre dizia que havia de passar. As tias contam que, naquele dia, ele disse que o bebê não era dele. Pois tinha cabelo vermelho e preto, "feito uma bandeira do Flamengo". *Ipsis litteris.*

Minha mãe não protestou, estava apagada pela sedação. As tias ficaram caladas, mas pensar, pensaram: de onde ele tirou que a menina tem cabelo de Flamengo?

Na época não tinha abundância de psicólogo, essas coisas. Veio o médico mesmo:

— O senhor viu sangue, sangue é vermelho, teve um teto preto, ficou confuso, há de passar.

Complicou quando eu cresci mais um bocado. E a brincadeira das crianças da rua, que até então juntava meninas e meninos, mudou. Por causa duma Copa do Mundo, passou do queimado pra pelada. E as meninas passaram a ajudar as tias com a costura de fantasias pra União da Ilha do Governador. Isso era no quintal da casa da Tia Marilene, onde tinha batuque e gente dançando. Eu gostava que lá, às vezes, os tambores mudavam de compasso e as tias diziam que o samba tinha virado gira.

Mas eu não enxergava direito, só iam saber da miopia e do astigmatismo uns anos depois. Via mal e colava os paetês tudo errado. Porém, toda vez que um moleque, de sacanagem, chutava a bola com força na minha direção, o meu corpo fazia um sacode violento de braço, tronco e perna e zunia a bola pra longe. Um lance de reflexo, de instinto, despertado pelo vulto de algo se aproximando de mim com violência. Não demorou pra um dos garotos ter a ideia: bota ela no gol.

As tias ficaram aliviadas, não ia mais ter paetê colado errado. Entre as traves, marcadas por chinelos Havaianas, funcionava que era uma beleza. Toda vez que eu via o vulto vindo na minha direção, fazia o sacode de braço, tronco e perna e zunia a bola pra longe. Os meninos zoavam:

— Chuta, que é macumba!

E eu gostava e dava gargalhada.

Até esse ápice da minha curta carreira de goleira, a cegueira do meu pai com o negócio de eu ser rubro-negra tinha andado adormecida. Mas foi ele me ver da janela, mexendo com bola, que a coisa voltou. E pior, agravada por um detalhe nada insignificante.

— Na minha família, nunca teve disso!

Ele estava absurdado, babando de asco e ódio. Não só eu era rubro-negra — coisa que na família dele não tinha —, como menina não jogava futebol. E isso era verdade. Naquela época, não tinha Duda, nem Tuca, nem Cida, nem Daiane, nem Kaylane, nem Kaylaine, nem Rayanne, nem Leidiane, nem Bárbara, nem Núbia.

Eu não estava com a minha camisa do Flamengo. Mas da janela, de onde ele espiava tudo, meu pai enxergou diferente. Daí ele fez um sacode de braço, tronco e perna e derrubou minha mãe no chão. Eu fiquei na Tia Marilene até o dia seguinte, quando disseram que havia de passar. Então fui pra casa e nunca mais voltei pro gol.

Em casa, eu não enxergava o que passava na tevê, ficava sem muita distração, porque ainda não sabiam que eu tinha que usar óculos. Já o meu pai continuava vendo coisa onde não tinha. Ficava o tempo todo de olho em mim, pra ter certeza se eu continuava sendo menina depois de ter jogado bola.

Na escola, eu não enxergava a lousa e não saía da mesma série. Mas na salinha dos menorzinhos, do pré, tinha um violão. Peguei ele no colo, como se fosse uma boneca, fiz um sacode de braço e, uns meses depois, sabia tocar uma música. Tinha encontrado uma distração. As tias do colégio suspiraram, aliviadas. Alguma coisa de bom eu ia ter pra mostrar no final do ano. No dia da apresentação no pátio, meu pai estava lá, sentado com a minha mãe, pra ver. De braços cruzados. Aí eu entrei com o violão.

— Na minha família, nunca teve disso!

Ele estava abespinhado, cuspindo fogo no meio de todo mundo. Depois as tias me contaram que o problema, dessa vez, foi que eu não podia me distrair sendo artista, porque na família do meu pai nunca, etcétera. Ele foi até o meio do pátio e me arrancou de lá. O diretor da escola deixou eu ir com ele, dizendo que havia de passar.

Quando menstruei pela primeira vez, eu já usava óculos. Já não era boba nem nada, não deixei vestígio no lixo do banheiro, pro meu pai não ver tudo vermelho nem ter teto preto. Mas parecia que ele tinha adivinhado. Um lance de instinto, despertado pela sensação de que algo implacável ia crescer pra cima dele. Mas antes que meu pai me zunisse pra longe, meu corpo fez um sacode violento de braço, tronco e perna. E, de dentro de mim, uma força me fez pôr a mão na minha cintura e dar uma gargalhada que quase perfurou o coração dele. O que não o impediu de berrar:

— Na minha família, nunca teve disso!

Ele estava endemoniado, as tias depois me contaram. Mas eu não lembro. Pra ele, quem estava com o demônio no corpo era eu. E isso era inaceitável, pois, na família do meu pai, etcétera etcétera etcétera.

As tias também me contaram que, dessa vez, ele não conseguiu derrubar minha mãe no chão. Mas é como falei: eu não lembro mesmo. Eu só sei que, no dia seguinte, enxergando muito bem com os meus óculos, fui girando o botão da tevê pra mudar de canal. Até que chegou em um que estava passando o jogo do Flamengo.

A vida inteira eu tinha sido ensinada e condicionada a evitar esse momento.

Meu pai estava na poltrona, lendo o jornal.

Eu virei a minha cabeça e, por cima do meu ombro, olhei pra ele.

Por cima do jornal, meu pai olhou pra televisão e olhou pro meu olhar.

Eu aumentei o volume da televisão e daí só sei que vi tudo vermelho e preto.

DESEQUILIBRADOS

MANU DA CUÍCA

— Naldinho, eu conheço como Naldinho.

— Olha, aqui tem Reinaldo, capela B; Agnaldo, capela C. Aí, depois, só Maria de Fátima, Justino, Luiz Alberto. — Ele falava como se estivesse diante de uma lista de espera do Detran. — A senhora não quer tentar ir nesses dois primeiros ver se reconhece os familiares?

Àquela altura, só haveria uma pergunta. Eu ri envergonhada porque, moço, algum deles é rubro-negro desses de ficar em pé com o corrimão entre as pernas na entrada pra arquibancada entre a Raça e a Dragões antes da última ou penúltima reforma do Maracanã? Moço, sendo ainda mais específica, algum deles ficava no terceiro lugar imaginário dessa fila e guardava sempre um espaço pra mim?

Flamengo e Vasco, 1999, final do Carioca, gol de falta do Rodrigo Mendes. Nessa época, moço, o Estadual era rivalidade, e não pré-temporada. Um totozinho antes do chute, Naldinho confidenciou: não gosto de jogador com nome e sobrenome. Das 87.590 pessoas no estádio, só eu tinha como ouvir: espremidos na fileira gambiarreada de cima do corrimão — os meus olhos escalando o ombro dele —, já tinha um tempo e meio que a gente respirava o mesmo suor espremido de jogo arrastado, os caras com a vantagem do empate. Não tinha pensamento dele que não resvalasse na minha testa.

— Eu também não gosto — respondi, transgressora, sem nem olhar pra não eternizar nossa inoportuna observação. A bola entrou no canto. O alívio, porra! Campeão.

Num dia, esbaforidamente atrasada, ele foi implacável:

— A essa hora, minha filha! Tá de brincadeira? Sobe, sobe. Ei, ô, careca, careca, chega pra lá pra garota subir. Tá de brincadeira? É o fortão na frente, eu e depois a menina. — E me olhou repreendendo por ter que reorganizar a muvuca com a bola já rolando.

Dali, moço, eu entendi que aquela fila de torcedores em lugares não catalogados, como rampa de cimento que segura um corrimão, era oficial. Aquele não lugar, virada da Raça pra Dragões, era o ponto no mapa do nosso amor pelo Fla. O fortão, o Naldinho (sei porque alguém um dia gritou "colé, Naldinho"), a garota que era eu, o careca, um sujeito sempre de boina e a namorada dele. Nenhum de nós seis podia pular, nenhum de nós seis podia girar a camisa. E já ali nenhum de nós era eventual. Chegar, encaixar aquele corrimão de ferro amarelo entre os joelhos e arremessar o olho na partida. Nem em pé, nem sentados. Desequilibrados um nos outros, a euforia arquitetônica de corpos oblíquos. Me diz se as fifas da vida alcançariam de entender.

Sei lá da história de cada um, mal sei da minha. Não tinha selfie, já pensou?, ao invés: a intimidade coletiva do instante, feita mais pra ser vivida do que flagrada. Não sei nada dele, moço. Só vim me despedir. Sofremos juntos, juntos fomos tricampeões estaduais, porra, ele cantando poró-popó-popó-popó com a voz desenfreada. Dividimos com o fortão, o careca, o daboina e a namorada do daboina uma esquina de ferro amarelo entre a paixão e a falta de espaço. Depois arrancaram essa esquina da gente pra dar dinheiro pra empreiteira e eleger uns picaretas de sempre. Se fosse só tudo isso, mas levaram adiante, subiram o preço, chamaram de moderno, pediram a bandeira do cartão, ficharam teus sentimentos. Ouro, prata, bronze, diamante. Quando o meu é de cimento quente.

Mas o nome dele, moço, nome assim, de certidão, Félix Pacheco e sepultura, eu não sei dizer.

AQUELA COM TRÊS LISTRAS

CAROLINA WALLITER

Tá sentada? Tô. Seu tio morreu. Como assim, o que houve? Saúde meio barro, meio tijolo, normal para a idade dele. E o velório, quando é? Hoje. Mas já? Já, essas coisas não se demoram, não, menina. Sim, eu sei, eu sei, é que a ficha ainda não caiu, bem, vou com certeza, obrigada por avisar, tia. Desliga. Tio Dedeco, morto. Abro as torneiras do coração, o beicinho tremula. Se o encontrava duas vezes por ano, era muito. Sua ausência, agora inescapável, pesa mais que o esperado. Cismamos que laços pouco visitados no cotidiano são frouxos o suficiente para nos poupar do luto. Que nada!

O olhar brilhante do computador reclama a minha atenção. Não vou prestar para trabalhar. Time, perdi um tio muito querido, vou tirar o dia *off*. Chuva de emojis e condolências. Um cretino pergunta sobre a *call* com o diretor. Foda-se a *call*, foda-se o diretor, respondo para as paredes. Tá muito cedo para estalar um latão? Foda-se também, hoje pode. À sua, tio.

Engulo parte do choro com a cerveja gelada. O choque térmico resgata os batismos com Tio Dedeco. Aprendi a beber com ele, sempre na maior calma, com o tempo você se acostuma com o amargor, sábias palavras. Serve pra birita, serve pra vida. Também foi com ele que pisei na quadra da nossa verde e rosa pela primeira vez. E o batismo mais importante de todos — não, não foi o sacramento cristão, embora esse também tenha sido a bordo de seus braços —, minha estreia no Maracanã. Um Flamengo e Guarani morno, placar de 1 a 1, eletrizante para os meus 12 anos.

Aquele uníssono cobra-coral, papagaio-vintém. Mesmo sem o Manto Sagrado, me senti visceralmente pertencente ali, àquele fenômeno. Lá, nas arquibancadas, o vi chorar a morte do pai e recebi sua herança legítima: a única camisa oficial do Flamengo que o salário magro de vovô comportou. Aquela com as três listras saindo do colarinho até o detalhe em malha canelada na manga, sabe? Perdi as contas de quantos jogos assisti vestindo esse presente, mesmo puída e com as costuras começando a estuporar. Depois da terceira oferta de compra vinda de um completo estranho que me parou ali no Bellini, antes de um Flamengo e Botafogo pelo Carioca, entendi a relíquia que me abraçava o corpo e passei a poupá-la, até guardei. Onde?

Agitada, abro a segunda gelada respingando espuma pelo apartamento. Seco depois. Beber de manhã em jejum tem dessas. Olho no armário do escritório, vou no quartinho da bagunça, abro caixa, fecho caixa. Tu pegou minha camisa do Flamengo de 87, esbravejo por áudio, me apressando pra revirar o quarto. O ranger da cama box aberta anuncia minha sorte: uma sacola batizada de "Memórias" olha para mim assim que meto a cabeça embaixo do colchão erguido. Entre cartinhas e cacarecos de valor sentimental, lá estava a vermelha e preta. Exalo aliviada, beberico mais um gole de lágrimas. "Fluminense x Flamengo hoje: onde assistir ao vivo", o espertológio no meu pulso avisa. Mas ele vai ficar é puto de perder esse clássico. Pelo menos vou garantir que vá bem trajado para o céu.

****

Cruzo o portão de ferro, passos ligeiros motivados pelo sol no quengo. Pego o caminho de terra batida ladeado por lápides pichadas. Driblo os lamentos amontoados no corredor estreito até a capela. Lágrimas antecipam meus sentimentos, Virgínia, tô aqui para o que você precisar, viu. Ó, trouxe essa camisa para o Tio Dedeco, pra ele ir com ela, tá bem? Não, não precisa tirar a roupa dele, é só colocar assim, por cima, ó, puxa aqui — licença tio, com todo o respeito —, pronto! Agora ele pode arrastar pra cima na paz de Zico, brinco sozinha. Ela me encara, abobalhada. Seu silêncio me bota pra correr rumo às barraquinhas que ficam na saída do cemitério. Duas águas, por favor. Uma para a viúva, outra para eu desentalar meu constrangimento e tomar jeito. Sem gás. Cartão. Aproximação? Não, é de enfiar mesmo.

O sepultamento está próximo, entulhando os arredores da capela de parentes e amigos que disfarçam mal e porcamente a tristeza com óculos escuros. Aqui, Virgínia, demorei, mas cheguei. Bebe, bebe sim. Bebe mais um tiquinho. Não tem de quê, 'magina... Ih, a camisa saiu do lugar, xô ajeitar. Pronto, CRF na altura do coração, do jeito que ele gostava. É, ela tá meio furadinha, era do vovô antes, mas é oficial, espia só a etiqueta, tem até o número de série, êne-cinco-quatro-zero-meia-meia, e a viúva já não me dá mais ouvidos, engalfinhada no abraço de uma recém-chegada.

Fui ficando sem espaço e, quando vi, estava atrás da coroa de flores. Observo meu tio, impassível aos lamúrios dos vivos. Com o passo sincopado por uma muleta, um senhor franzino se aproxima, enrugando ainda mais o semblante ao constatar que, sim, lá estava seu parceiro de copo, teso e amigado com a morte. Atrás dele, outros fazem fila tímida para consolar a viúva e desmoronar à beira do caixão. Alguns só choram, outros até xingam. Tem quem faça questão de beijar a testa fria, mas a maioria se esquiva de sequer roçar os dedos na madeira lustrosa que acomoda o defunto.

Tá cheio, né? Adalberto era muito querido, ouço comentarem. Mas também era carne de pescoço pra gente de casa, não me contenho, em parte por rancor, outra por assombro: encarar meu próprio rosto sem vida é um privilégio macabro, só quem é gêmeo sabe. Uma vida dividida com você aos solavancos, sem amizade genuína, mas com muito respeito, diga-se de passagem. De minha parte, pelo menos. Espero que você esteja em paz, meu irmão.

O padre baixote chegou, e é aí que o desespero bate, já deve estar próximo do fim — o fim do fim, Tio Dedeco diria. Retribuo a lembrança com o sorriso babado em lágrimas, e me pego, mais uma vez, admirando sua expressão bronca, agora eternizada, cara de quem tá pronto pra esbravejar contra essa diretoria parasita, soltando seu famoso PERA LÁ, não mexe na camisa, não! Abaixa o tom, mocinha! Meu irmão aceitava seu atrevimento de bom grado, até atiçava seus caprichos, ah! a falta que lhe fez um filho homem, só que comigo o buraco é mais embaixo. Esse troço amarrotado em cima dele, francamente... Ele queria ser enterrado assim, tia, quem era próximo dele sabia disso. Agora você sabe também.

O tempo fechou à imagem e semelhança do irmão falecido, a jugular ganhando vida própria por baixo do corte chanel. Saudades desse pavio curto, chega a ser ridículo o quanto eles se parecem, principalmente no jeitinho bélico. Essa fera eu não sei domar, e duvido que precise, ela não vai descer do salto porque ela é elevada, ela, ela é fina, não se mistura com essa gentalha, o que é uma pena, acho que eu toleraria seu esnobismo só pra tirar casquinha dessa réplica ambulante de Tio Dedeco. Já sei, daqui pra frente vou chamá-la de Dedeca, ela vai ficar possessa, e só de pensar na cena ela chega, a crise de riso, acompanhada de olhares incrédulos dos enlutados. Os dois dedinhos de água esquecidos na garrafa plástica me ajudam a converter a situação em tosse, muita tosse, e nada desse padre começar pra me tirar dos holofotes, e estimados amigos, estamos aqui reunidos para rezar e entregar a Deus nosso irmão Adalberto, finalmente, louvado seja, leu meus pensamentos — ou me ouviu mesmo, não sei o que cuspi junto dos bofes que botei pra fora.

A capela entoa um Pai-Nosso seguido de uma Ave-Maria em ritmo irregular, vacilando entre o desejo de prolongar a presença do falecido e a pressa de acabar logo com a angústia que acompanha a dolorosa despedida. Vidrada, fico a vigiar a camisa, contando os rasguinhos na malha desbotada que cobre a barriga protuberante e inerte, meu travesseiro na infância. Não arredo o pé de perto do caixão, guardiã da vontade simples e apaixonada daquele que me apresentou tantos pedaços possíveis de mim. Do outro lado, sua cópia, indigesta com a minha prontidão, ameaça jogar no lixo esse trapo num cochicho bem articulado por seus lábios finos.

Podemos fechar o caixão? Calma aí, tá com pressa? Todos avançam para o adeus derradeiro. Espremida entre fungadas e lamentos, sou catapultada para aquela vez que o arrastei até a organizada, entramos na arquibancada entre bumbos e bandeirões, o misto de pavor e euforia em seu olhar grisalho, simplesmente hilário. Aproveito o vuco-vuco para soprar-lhe um beijo e me afasto do caos, aos prantos, agarrada ao tesouro que não quero deixar para trás.

Enxugo a vista turva para me recompor das exéquias e encaro pela última vez meu reflexo nesse espelho de carne e osso. Pisco: a maldita camisa sumiu. Onde foi parar? Não importa, alguém com bom senso tirou, quem sabe foi Virgínia, ela parecia incomodada com aquilo jogado assim, por cima do marido morto, sem o menor respeito. Verdade seja dita, minha cunhada sempre foi muito banana, mas uma hora a ficha cai e a pessoa pega no tranco, ainda bem que não ficou por isso mesmo, justo nesse momento tão importante. Enfim, é isso. Tchau, Adalberto. Descanse.

A plantação de lápides degradadas pelo tempo acolhe a procissão que escoa atrás do caixão levado sobre um veículo em marcha lentíssima. O aparente descuido do local não ofusca a triste boniteza do rito de adeus. Aqui e ali, lampejos rubro-negros salpicam o cortejo, flâmulas, bandeirinhas, camisas a rodopiar por cima das cabeças, carregando a massa pela rampa do Maracanã, "Meeeeen-gô, fiu-fiu-fiu", um grupo mais aguerrido puxa o hino, Flamengo até morrer eu sou enquanto o fundo de madeira encontra o berço da terra, flores mergulham naquele buraco aos gritos de Men-gô, Men-gô! Viva Dedeco!, uma salva de palmas e eu me rendo ao coro da fúnebre torcida, abatida.

Sepultamento concluído, senhoras e senhores, nossos sentimentos a todos, exclama um dos coveiros enquanto seu colega afofa a terra com uma pá enferrujada. Aos poucos, os presentes despertam do torpor e caminham, resignados, rumo à saída. Contornam o túmulo recém-criado, pisoteando, sem cerimônia, os montinhos que tracejam o gramado revirado. Acho curioso, engraçado até. Amanhã muitos pés vão desfilar por cima de Tio Dedeco, e depois de amanhã, e depois de depois de amanhã. Somos igualmente insignificantes, minha jovem, ele sussurra ao meu ouvido. A única certeza que temos nessa vida é a morte, sua irmã completa, caminhando à minha frente de braço dado com uma senhora. Quem diria, uma concordância póstuma entre esses dois. Agora, cá entre nós: e a teimosia em enfurnar aquela camisa xexelenta no caixão?! Parecia Adalberto no velório de papai fazendo um escândalo para arrancar a camisa de linho branca e trocar por esse trapo, que déjà vu cafona e de péssimo tom, péssimo!

Reengato o choro, agora com gotinhas de felicidade, peraltice e orgulho, um baita orgulho. Faltou a porra do filho homem, mas ninguém pode negar que eu sou bem sobrinha do meu tio, repetindo um furto que mal sabia se tratar de tradição familiar. *VAPO, VAPO*. Desfraldo o perseguido manto rubro-negro que havia escondido na bolsa a tiracolo e o enfio pela cabeça, para o espanto de minha querida tia. Com um tchauzinho, me despeço, ajeitando a gola folgada em meu pescoço. Ainda não são cinco, dá tempo de correr para o pé-sujo mais próximo antes do jogo começar.

O MANTO

HENRIQUE RODRIGUES

Para o lado direito, o pai vê a grande mancha avermelhada que se forma na arquibancada. São mais de 65 mil hoje, multidão na qual gostaria de se perder e esquecer todo o resto. Afinal, o surto da coletividade no Fla-Flu seria para isso, não? Todo problema fica lá fora: o Maracanã serve para a expurgação catártica da arena.

Logo ao lado esquerdo, tem uma menina. Que não é menina. Nem é menine, como alguém poderia dizer, é uma menina mesmo, algo confuso. Porque a menina se parece muito com o homem, que é seu pai.

O jogo começa, mas ele não consegue evitar a mirada de soslaio para o lado. Em meio à turba de maioria masculina, surgem os olhares seguidos de cutucadas, as apontadas de queixo e mesmo os menos indiscretos comentários, como o ouvido na entrada dos portões: "Porra, isso aí era pra estar na torcida do outro lado, caralho!"

A bola rola, mas em vez de se concentrar no time descalibrado desde o milagre de 2019, o pai apenas volta nove meses no tempo, quando foi feita a revelação. O assunto de um filho gay era proibido dentro de casa, ainda que o faz que não vê, em algum tempo, já não fosse mais suficiente.

A surra que deu em Rafael quando foi flagrado com o sutiã da mãe. Cada porrada respondida com um "eu te odeio", que aumentava o ódio temperado com a culpa do "onde foi que eu errei?", tudo se retroalimentando numa espiral que o faz cerrar o punho. Tampouco adiantava colocar a culpa na mãe, na internet e redes sociais, na juventude que vê a indefinição como virtude, no funk, na puta que o pariu.

— Pai, mãe, de hoje em diante o Rafael morreu. Agora eu sou Vitória. E se vocês não me aceitarem, eu saio de casa.

"Fizeram tudo pelas minhas costas", ele berrava, quebrando o que estivesse pela frente, vendo o filho com roupa de mulher, maquiagem e os procedimentos burocráticos já encaminhados para a troca de identidade civil.

Discutiram, brigaram, ele saiu de casa e foi morar com a mãe. Sobretudo pelo aperto financeiro, meses depois, voltou, rabo entre as pernas, sob o esporro da professora aposentada:

— Volta pra sua família e aceita a minha neta como ela é. Não te criei pra isso!

Ele entrou, mala mais pesada, parecendo trazer algo extremamente difícil de levar, que era ele mesmo. A filha não estava e nem quis saber. O diálogo seco com a mulher só apontava para questões práticas, se tinha comida pronta, onde rearrumar as roupas, alguma conta a pagar.

Nas semanas seguintes, ele e a filha se evitaram o máximo possível. Como qualquer adolescente, a jovem saía do quarto para usar o banheiro ou pegar comida. Não jantavam juntos. No fim de semana, cada um ia para o seu canto.

Descobriu que a mulher, mesmo tendo acompanhado tudo de perto, ainda chorava quando via as fotos do garoto que não existe mais.

— Como pode alguém matar o meu menino assim? — perguntou, e bateu no rosto dele com o porta-retratos que tinha à mão. Em vez da reação violenta, a foto da criança em meio ao vidro espatifado no chão fez ambos chorarem abraçados.

Vitória entrou, fingiu não ver a cena e seguiu direto para o quarto. Dormiu selando mais uma camada na cebola confusa que sempre fora a sua vida.

Foi no aniversário da avó que, inevitavelmente, puderam se olhar. A senhora, flamenguista doente, dera de presente no ano anterior uma camisa oficial para o neto. Tamanho um pouco maior, sabendo que estava na fase em que adolescente estica rápido. Antes dos parabéns, quebrou o gelo:

— Vocês sabiam que o manto que era do Rafa veste bem na Vitória?

Uma vez que o assunto Flamengo sempre fora unanimidade na família, houve um ensaio de sorrisos, seguidos de conversas breves e, por fim, a ideia de o pai levá-la ao jogo.

A bola segue rolando. Como sempre, a bandeira gigante vai descendo lá do alto, cobrindo todo o setor. Tomado pela quase cegueira do tecido sobre a sua cabeça, não sobra muita coisa que não o som e o sentimento.

Perto do final do jogo, o Flamengo faz o gol esperado. Gabigol salva o dia mais uma vez. O homem abraça a filha e ambos celebram. Vitória, tão Vitória quanto todas as vitórias que existiram, existem e ainda hão de existir no estádio maior, que é a vida.

No telão, que é reproduzido na tevê, a euforia dos dois rende palmas que se multiplicam. O pai não sabe se abraça a menina ou o menino: ele abraça alguém que está começando a amar.

ACIMA DE TUDO, RUBRO-NEGRO

JULIO LUDEMIR

Uma das poucas missões que restam aos homens é fazer com que os filhos, varões, torçam pelo mesmo time de futebol que eles, no mesmo ardor com que devem se entregar à carne das mulheres. Meu pai fracassou em ambas as missões antes de me abandonar, quando eu tinha uma idade não muito diferente da de Pablo naquela noite de dezembro de 1995. Não perdi uma única chance de acusá-lo desses dois delitos, ainda que eu próprio os tenha repetido na relação com meu único filho. Pelo menos quanto aos defeitos, consegui superar meu pai.

Tenho todos os defeitos — e eles se manifestam particularmente na relação com Pablo, que abandonei quando ele tinha apenas um ano de idade. Mas na epifania que tive ao descermos juntos do ônibus, vi-me enfim como o herói que um homem só consegue ser aos olhos de um filho varão. Vi esse herói nos olhos dos filhos de vários amigos — e sempre os invejei com o fígado, ainda que mantendo a discrição ou, pelo menos, com a ilusão de que a estava mantendo. É para imitar esse herói que os meninos começam a torcer pelo mesmo time do pai. Se o pai os decepciona de modo irremediável, eles passam a torcer exatamente pelo rival histórico. Essa decepção pode levá-los a não amar as mulheres também.

Eu seria o herói pela razão mais elementar e estúpida — por causa da força física necessária para atravessar a multidão compacta e ruidosa, amontoada no entorno do Maracanã, pois, embora oficialmente tenham sido vendidos apenas cerca de 90 mil ingressos, estava ali um número não inferior a 160 mil pessoas. A torcida do Flamengo resolvera ir em peso para salvar o ano do centenário, trágico até aquele momento, apesar de algumas contratações extraordinárias, como a de Romário e Edmundo. Vários cabeças de bagre ganharam títulos tidos como impossíveis devido a uma espécie de doping que vem das arquibancadas, do nosso entusiasmo inquebrantável. Não seria diferente com um time que, por pouco, não foi rebaixado para a segunda divisão e que, antes disso, perdera um título com o humilhante gol de barriga do traíra do Renato Gaúcho.

Esse esforço quase teve um elemento trágico, do qual só conseguimos escapar por causa de um lance de sorte que não permitiu que os cerca de trinta segundos (os mais demorados de toda a minha vida) em que perdi Pablo de vista no meio da multidão se transformassem em dois minutos, que provavelmente se tornariam duas horas, dois dias. Mas, tão logo me recuperei desse susto, fiz de meu filho um escudo humano — única maneira de não nos desencontrarmos de novo — e abri passagem na torcida do Flamengo como quem foge de uma catástrofe, como se atrás de nós as lavas de um vulcão adormecido havia séculos tivessem acordado para se vingar de todos os crimes que eu cometera, inclusive contra a saúde mental de Pablo. Estava em uma via-crúcis (ele era a minha cruz) em que tentava salvar não a humanidade, mas a mim mesmo. Terminaria aquela caminhada quase impossível não no monte ao lado de dois bandidos vulgares, mas como um herói que a gente só pode ser aos olhos do filho varão.

Saímos da fila do ingresso como quem acabara de comprar batatas no mercado clandestino no meio da guerra, mas aquela conquista ainda não era o bastante para que eu pudesse dizer que era um homem melhor. Para que todo aquele sacrifício valesse a pena, precisaríamos enfrentar um desafio ainda maior — chegar às roletas da arquibancada, que até o fim daquela noite seriam destruídas pela multidão faminta de títulos, querendo redimir nosso time na base da raça, do amor, da paixão, como diria uma das músicas que criamos mais de década depois. Mais uma vez, coloquei Pablo à minha frente e comecei a empurrá-lo com a força existente apenas em um povo que durante séculos precisou só do próprio braço para levar comida para casa. A multidão cantava o hino à medida que avançava, meu filho junto com ela, eu junto com ele. Aquele elo nos fazia extraordinariamente fortes. Invencíveis mesmo.

Não sei de quanto tempo precisamos para desembocar nas roletas das arquibancadas — apenas que chegamos e que, antes de subirmos a rampa, olhamos um nos olhos do outro e nos abraçamos com o ardor de quem está se entregando à carne das mulheres. Nosso abraço tinha o entusiasmo da torcida do Flamengo, cantando para o mundo inteiro a alegria de ser rubro-negro. Tive ali a certeza de que Pablo seria Flamengo até morrer. Minha missão estava cumprida.

DESGOSTO PROFUNDO

JEOVANNA VIEIRA

Esfrego meu nariz no vidro porque é geladinho. O ônibus já estava ligado quando cheguei. O motor faz um treme-treme-treme, e se eu deixar a boca assim, meio mole, meus dentes ficam batendo, fazendo um dãdãdãdãdãdãdãdãdã no ritmo do tumdumtumdum, igual meu coração. Tem o barulho do batuque lá fora, tá todo mundo cantando e tocando instrumentos na calçada. No ônibus, só tem eu e o motorista, acho que ele tá sendo o DJ. Em cima da cadeira onde eu tô — que é a primeira —, tem um negócio de som. Ele aumentou o volume e o vidro tremeu mais. *Flamengo até morrer, eu sou.* Nessa hora, senti menos frio.

Quando meu pai me pegou, dei o recado, *Minha mãe mandou passar na farmácia pra comprar minha bombinha antes de ir pra sua casa.* Mas ele tinha outros planos, *A gente hoje vai fazer um negócio diferente.* Ele parou o carro num estacionamento e o homem que ficava dentro da casinha, abrindo e fechando o portão, chamou papai pelo apelido e gritou pro manobrista que tava estacionando outro carro, *Chegou seu mensalista aqui, ó. Tá levando o filhão pra final? Massa!* Fiquei tentando adivinhar pra qual bar a gente ia dessa vez assistir o jogo pela televisão. *Bate e volta, quinta tô na área.* Isso tá acontecendo mesmo? *Meu secador tá ligado, mas dessa vez não vai dar pé pro Vasco não.* Meu pai, com o corpo metade pra fora do carro, encerrou o papo antes de engatar a primeira, *Não gosto desse clima de já ganhou, quem não vê, não desvia.* E deu duas buzinadinhas pro porteiro.

Enquanto o moço mais novo vinha buscar o carro, meu pai me entregou uma sacola da Ademar Sports com uma camisa do Flamengo dentro. *Brigado pai, essa daqui eu não tinha. Se troca aí, vamofazêumaviagempaiefilho.* Mas assim, ele nem mudou o tom de voz pra falar isso, falou pra dentro e rapidinho. Nem falou com voz animada nem nada. Quando veio o menino que manobra o carro, ele ficou todo *Eeee-aíííí-meu-consagrado...*, demorando nas palavras. Deu um abraço forte nele e depois ainda deram um aperto de mão e ficaram assim por um tempo. Quando separaram as palmas, cada um ficou com um negócio. O moço, com umas notas de dinheiro, que eu vi. O meu pai eu já não sei, porque ele colocou muito rápido a mão no bolso.

Pai, a mamãe deixou eu ir com você?

*

Em frente à calçada, onde o ônibus da torcida tá parado, tem uma farmácia. Papai pergunta pra mim qual é a bombinha, eu falo que é uma vermelha, e a vermelha não tem. *Liga pra mamãe, ela sabe direitinho onde vende, pai.* Mas ele não achou a minha ideia boa. *Sem problemas, a gente compra amanhã quando chegar no Rio.* Foi isso que ele resolveu.

Amanhã era pra eu ter aula no laboratório de ciências. Na próxima semana, vou perguntar pra professora se a gente chama de condensação quando o ar sai desse buraquinho e vira essas gotinhas no vidro. Deve ser isso, porque o nome é ar-condicionado e não ar-sublimado ou ar-solidificado. Dá até pra desenhar no vidro porque ele tá embaçado, igualzinho no box do banheiro quando eu tomo banho pelando. Nos dias que meu pai não aparece pra me buscar, minha mãe prepara um banho que ela chama de sopa de pinto. Ela deixa a água bem quente, soltando fumacinha, eu fico lá desenhando no box. Minha mãe sempre fala a mesma coisa, *Quem sai perdendo é seu pai, você é um menino incrível.* Nesses dias, mamãe até deixa eu beber Toddynho morno e dormir na cama dela. Água quente, leite que inflama e dormir com a mamãe, três coisas que eu não posso.

Mais cedo, ouvi quando ela ligou pro meu pai perguntando que horas ele ia me pegar. Tinha duas semanas já que minha mãe avisou do congresso dela, *Paciência se você vai ter que fazer o sa-cri-fí-cio de perder um mísero jogo do seu querido time na puta que te pariu...* E falou as coisas de sempre, de pensão, de visita, de tomar chá de sumiço, *Sacanagem é isso que você faz com a criança.* Repetia que não tinha escolha, precisava trabalhar porque me criava sozinha. Quando encheu a paciência de falar com meu pai, ameaçou ele com prisão, *Eu quero que se foda você, o Brasileirão, a Libertadores, eu tô saindo de casa em duas horas. Se não aparecer pra pegar teu filho, eu vou avisar ao juiz que faz dez meses que eu não recebo um real de alimentos.* Eu queria ouvir o resto da briga, porque sempre descobria uma coisa nova, mas a Rose me achou atrás da porta do quarto da mamãe e me obrigou a descer com ela pra jogar o lixo fora. Piscou pra mim falando que podia levar o skate e andar um pouco no play, antes do meu pai me pegar, e eu fui. Minha mãe ficou lá falando que o *Flamengo não dá camisa pra ninguém.* Na verdade, ela tava gritando, porque eu ouvi do corredor, enquanto Rose apertava o botão do elevador, *AMA PORRA NENHUMA.*

*

A gente é o primeiro a chegar aqui no ponto de encontro da excursão. Papai fez uma coisa bem estúpida, que é mentir pra mamãe, porque ela sempre descobre tudo. Ela descobre até o que tem dentro do corpo das pessoas depois que elas morrem. Ela bate os órgãos dos mortos num liquidificador e depois ela escreve um documento falando que a pessoa morreu disso, morreu daquilo. Mamãe fala que dá pra saber até se a pessoa comeu chiclete, se tomou Coca-Cola e se falou palavrão. Um dia, ela perguntou se eu tinha comprado joguinho no celular dela, eu disse que não. *Não mente porque eu vou descobrir.* Fiquei com medo dela jogar meu cérebro no liquidificador e ver que eu tinha virado um mentiroso, igual meu pai. *Meu filho, a verdade dói uma vez só.*

Não tinha dado muito tempo pra eu treinar manobra de skate e mamãe já ligou pro celular da Rose e pediu pra falar comigo, aí eu disse que também amava muito ela, que sim, tinha entendido que a Rose ia esperar comigo até meu pai me buscar e que depois ela ia embora pra casinha dela. Perguntei por que a Rose não podia ficar comigo lá em casa igual das outras vezes, e mamãe disse que a Rose tinha que cuidar dos dela também. Hoje eu ia jantar com papai e depois de dois dormir-e-acordar ela ia voltar do congresso dela, e a gente ia ficar juntinho, só nós dois, *E eu vou trazer um microscópio de verdade pra você, olha que legal!* Legal. Depois pediu pra falar com a Rose de novo, e eu acho que ela tava fazendo aquele negócio de lista, porque a Rose repetia coisas que levo na mochila quando vou pra casa do meu pai. Eu não tenho nada lá.

Escova de dentes,
uniforme,
meia,
cuecas,
blusa de frio,
tablet,
pijama,
carteirinha do plano e da escola,

uma cartela de iogurte natural,

bombinha — lembra de pedir ao seu pai pra passar na farmácia —, Rose apontou com o dedo pra mim, e eu respondi assim, com uma joia.

*

O vidro é escuro e eu colo meu rosto todo pra ver o que meu pai tá fazendo. Ele tá com uma latinha de cerveja na mão, a gente deve jantar um pouco mais tarde hoje. Da janela, vejo meu pai abraçando os homens que chegam. Eles vão aumentando a rodinha, passando de um pro outro um cigarro que demora a acabar. Ainda bem que eu não tô lá embaixo, a fumaça do cigarro faz meu peito miar, parece que tem um gato morando dentro.

Vejo gente chegando com bandeirão, com mais tambores, vuvuzela, caixa de cerveja e pandeiro. Quando o motorista abre o porta-malas do ônibus, que tem outro nome, mas também carrega mala, os homens vão colocando as coisas lá embaixo. Eu vejo a hora que tem uma discussão. Uns amigos do meu pai querendo levar uma caixa escrita assim, Foguete Apito Gaiato. O motorista não queria levar, não, disse que ia dar ruim. Na verdade, ele usou outra palavra com M. O foguete é a última coisa a entrar no bagageiro, lembrei o nome, mas entrar-entrou, porque eu tô vigiando aqui de cima e o tal de Apito Gaiato sumiu da calçada. Uma coisa que eu não vejo entrar no bagageiro é mala.

Quando meu pai falou que a gente ia deixar a mochila no carro, eu estranhei. Como que eu ia viajar sem mochila, se pra ir pra casa da minha avó, que nem é no Rio, minha mãe mandava um montão de bolsas? Eu reparei os outros passageiros chegando e eles também não tinham mochilas e eles também estavam com camisas do Flamengo.

Alguns deles começam a subir, *Se essa porra não virar, olê olê olá, eu chego lá*. Eles vão batendo no teto assim e cantando isso. Mas eu continuo com a cara grudada no vidro, virando picolé, olhando pro meu pai lá fora e pensando que ele gosta mesmo daquelas pessoas. Ele não ri assim nem pra mim nem pra minha mãe. Queria que ele subisse logo pra eu perguntar se esse ônibus corre mesmo o risco de virar, mas ele é o último a subir. Minha garganta começa a coçar. Nessa hora, já era pra eu dar uma sprayzada da minha bombinha.

Todo mundo que passa me cumprimenta, *E aí, menó!*, *Fala, meu mascote!* Um cara entra batendo o tambor grande pendurado no pescoço, *Nosso amuleto de sorte, bora fazer o batismo do pé-quente aqui*. Tira do bolso duas Paçoquitas e me dá, eu não falo com estranhos, mas eu não preciso falar com ele pra aceitar o presente.

Papai senta do meu lado e me oferece um chiclete, tiro o rosto do vidro pra falar que eu não posso mascar chiclete, não, *A mamãe disse que você ia me dar a janta*. Nos pés dele, tem guardado uma sacola cheia de latinhas de cerveja e um Cheetos, papai abre o pacote e bota no meu colo. A mamãe não chamaria isso de jantar. Quando ela me perguntar, vou ter que contar.

O motorista vem de novo pra perto da minha cadeira e abre os braços assim, botando uma mão de cada lado. Fica parecendo um Jesus. Não o Jorge, que meu pai acha mais importante que o Jesus da Igreja, *Porque o Mister não-sei-o-que-não-sei-que-lá*, eu vi ele falando com o porteiro do prédio, *Milagroso é o português, ele sim escuta a oração da Raça*. Eu bem perguntei pra minha mãe essa história aí, e ela falou, *Que Jesus Cristo tenha misericórdia da alma do seu pai*.

O barulho mais alto agora é o de dentro da minha cabeça. Meu dente triturando o Cheetos. Meu ouvido tá muito perto da minha boca. Eu mastigo crec crec crec crec e a torcida lá atrás faz tumtumtumtum. Olho a boca do motorista se mexendo, mas não escuto nada. Meu pai levanta no banco, vira pra trás, *Deixa o piloto dar o papo dele, valeu?* E todo mundo faz mais silêncio, eu também paro de mastigar e o motorista agradece meu pai. De tanto viajarem juntos, já fazem parte do mesmo exército, *Tamo junto, meu capitão*, ele fala. *Estamos saindo de Vitória com previsão de chegada às 9 horas na Gávea. Vamos fazer uma parada em Bom Jesus do Norte, depois no Flecha. É proibido fumar no interior do veículo, incluindo no banheiro.*

Acho que ninguém liga muito pras regras do motorista, porque na hora que ele falou isso, tinha gente fumando e ninguém apaga cigarro nenhum. Minha mãe não pode sonhar que eu tô no meio desse fumacê. Eu não sei o que aconteceu na última viagem, mas ele fica demorando lá no assunto do banheiro, dizendo que era pra ter consciência, que tinha criança no ônibus. *Sem vacilação, rapaziada*. Pra terminar, puxa a oração de São Judas, a única reza que meu pai conhece. Eu rezo também porque, sem minha bombinha, só o Jesus da minha mãe pra me ajudar.

O motorista começa a dirigir e no ônibus ninguém tá com sono. Os adultos fazem um tipo de bagunça que minha mãe não deixa mais eu fazer. Eu não sou mais nenhum bebê pra ficar gritando, fazendo montinho nos colegas, dando soco no teto, batendo tambor com a cabeça. Depois de um tempo, leio uma placa escrita, Guarapari. Eu tô tossindo muito e o gato começa a miar mais alto. Aviso pro meu pai que preciso da minha bombinha. Ele olha pela minha janela e tá tudo escuro. *Assim que aparecer uma farmácia, eu compro*. O nariz do meu pai tá escorrendo, acho que essa fumaça e esse ar-condicionado não vão fazer muito bem pra gente, não. Queria perguntar se ele também tinha asma, mas é melhor não gastar meu ar. Meu peito tá chiando, deve ser por causa do frio. Tomo fôlego, *Falta muito?* Papai desamarra a bandeira da Raça que ele estava usando de capa e me cobre. Dá uns tapinhas na minha perna e é a primeira vez que ele encosta em mim hoje. Quero a minha mãe.

Segura a onda, aí, beleza? Tá chegando, tá chegando.

GOL DE QUEM?

SIMONE MOTA

Que ela era fingida, todo mundo já sabia, mas aquele dia tinha alguma coisa a mais. A festa de aniversário dela rolando, a família toda presente, e ela foi chegando toda relax da praia, como se fosse um domingo qualquer. Passou batida por todo mundo, festa adentro, e seguiu em direção ao quarto dela.

Culpa do Tio Carlinhos. Mimou demais a garota. Depois que ela voltou do exterior, com diploma debaixo do braço, ficou pior ainda. Precisou o tio organizar aquele aniversário, ou melhor, aquela festa, para assistir o que acabou sendo a final do campeonato, para ela finalmente encontrar a família.

Cá entre nós, para as farrinhas que ela gostava de frequentar, não faltou tempo. O primo Marcelo me contou tudo. Ela voltou pior do que foi. Só o Tio Carlinhos e a Tia Marcela para acreditar que tirar a Carla de cena por esses anos ia resolver o problema. Ela não tem jeito não. Aquela cara de sonsa dela nunca me enganou.

Mas era dia de festejar. Deixar as mágoas de lado. Focar a vitória.

Tinha cravado esse pensamento na minha mente, até que lá veio ela toda paramentada para puxar o saco do Tio Carlinhos. Foi direto nele, beijou o escudo da camisa do tio e, depois, o da camisa dela também. Nunca gostou de futebol. Mas se faz de torcedora fanática assim desde pequena. E todo mundo ainda acreditava. Tanto que até a camisa assinada pelo Zico que o Tio Carlinhos tem emoldurada na parede ele já disse que vai ser herança dela. Vê se pode isso... Uma pessoa que não sabia nem qual o time que estava escalado praquela partida.

Se bem que de jogador de futebol ela entendia muito bem. Especialmente aqueles que frequentavam a praia dela.

— Calma, Sandro. A pose de santinha dela ainda vai por água abaixo — repeti baixinho o dia todo.

Aquele dia estava perfeito para isso. Não, o Tio Carlinhos não merecia. Tava felizão com nosso time naquele jogo decisivo em ano de centenário. A Tia Marcela também estava feliz com a volta da filha, puxava a Carla pelo braço de um lado para o outro para ela contar da experiência, da faculdade, do que pretendia fazer.

Tentei me concentrar nisso e deixar o meu desejo de lado.

Quando o jogo começou, o time e a torcida rubro-negra estavam confiantes. O Maracanã era nosso: vermelho e preto. "Pode tentar, mas só o meu Mengão que é penta", a gente cantava junto com o que ouvia na TV. Nosso time jogava pelo empate. O jogo parecia equilibrado. Ainda assim, Tio Carlinhos já estava xingando o técnico quando o time adversário marcou o primeiro gol aos trinta minutos do primeiro tempo.

— Porra! Eu não tô dizendo que esse técnico não tá vendo o jogo, Sandro? — disse o tio, batendo no meu ombro.

Eu respondi, nem lembro o quê, no automático. Tentava me concentrar no jogo, mas os meus olhos se alternavam entre a TV e a Carla.

Dessa vez, ela não ficou ao lado do Tio Carlinhos, como de costume, pois estava estranhamente à sombra da Tia Marcela. Para onde a tia puxava, ela acompanhava e se fazia de simpática. Até para a cozinha ela foi, na cola da tia. Acabei indo também, e peguei as duas numa conversa acalorada. Elas disfarçaram o clima quando me viram, mas aquela cena aguçou a minha curiosidade.

Faltava pouco para terminar o primeiro tempo quando o time adversário marcou o segundo gol. Tio Carlinhos estava descontrolado quando Carla se aproximou dele, aqueceu suas costas com as mãos e, depois, apoiou o rosto sobre o ombro dele. Tia Marcela paralisou olhando os dois. Eu não perdi tempo, me aproximei da tia e perguntei se estava tudo bem. Ela me olhou como se fosse responder, tascou uma cerveja na minha mão e ordenou:

— Leva lá pro seu tio agora.

Entreguei a cerveja e fiquei. O tio, logo depois, saiu — xingando e verbalizando soluções para virar o jogo. Carla se movimentou para sair também, mas eu me coloquei à frente dela. Ela me atropelou como quem pede licença. Levei mais um chapéu! Quando me virei, dei de cara com o primo Marcelo. Ele riu, abasteceu meu copo e afirmou que aquele domingo ia ser difícil para a família.

Na hora, eu não entendi o que aquele tricolor de araque queria dizer.

O segundo tempo começou, e gol, que era bom, não saía. Tio Carlinhos já não tinha pulmão para o tanto que gritava e levantava e sentava de novo e pedia cerveja e invocava um gol... Gol do Romário! Foi aos 26 minutos. Só vi o replay. Minha atenção àquela altura estava totalmente voltada para as jogadas da Carla.

Ela seguiu na cola da Tia Marcela durante todo o segundo tempo do jogo. Volta e meia, as duas sumiam da festa. Numa dessas sumidas, eu fui atrás, disfarçando que ia fumar. Mesmo assim, perdi o lance. Deu tempo apenas de ouvir a Carla dizendo para Tia Marcela que a decisão estava tomada e ninguém ia fazê-la mudar de ideia. Mais um gol. Carla passou por mim correndo e gritando gol em direção ao Tio Carlinhos. Nem notou a minha presença ali. Ao contrário da Tia Marcela, que me encarou como se esperasse a minha pergunta.

Eu não tive coragem de perguntar nada à Tia Marcela. Tirei minha cartela de cigarro do bolso e lhe ofereci um. Fumamos em silêncio ao som dos berros e dos fogos pelo empate.

O fim da partida se aproximava. Treze minutos mais os acréscimos. Carla não saiu mais de perto do Tio Carlinhos. Estavam prontos para celebrar mais uma vitória do Flamengo juntos. No dia do aniversário dela. Vinte e um anos. Cem anos do clube. Seria lindo.

Mas tudo foi como tinha que ser.

Tia Marcela, tentando amenizar a indignação do Tio Carlinhos com aquele gol de virada, lembrou que a família não estava reunida apenas pelo jogo. O primo Marcelo aproveitou a deixa da tia e fez a festa voltar.

— É isso aí, mãe — falou, batendo palmas em direção à irmã. — Vai, Carla, conta logo. Esse gol aí, quem marcou?

— Que diferença faz? O gol foi marcado. Que importa quem vai levar os créditos dessa barrigada?

BEM AMIGOS

CARLOS EDUARDO PEREIRA

— Vai, vai, valendo, já!

— Faaaala, galeera! Bom dia, boa tarde, boa nooitee! Aqui é o Fala Claro Rubro-Negro com mais um pré-jogo, no Canal Fala Claro Mengão! Logo mais, às 19 horas, um horário um pouco diferente, né, horário também diferente do nosso pré-jogo em nossas lives no canal, né, às 19 horas o Flamengo entra em campo, aqui no Rio de Janeiro, pra encarar o Boca Juniors, na terceira rodada da fase de grupos da Libertadores da América. Jogo que marca a inauguração, depois de tantos anos, depois de tanto tempo de ansiedade de nós rubro-negros, finalmente a inauguração da Arena do Urubu, no centro da cidade, local onde antes costumava ser o Gasômetro, pertinho da Rodoviária Novo Rio, do Aeroporto Santos Dumont, do Terminal Gentileza, que é um terminal que reúne tanto os ônibus municipais quanto o VLT, coladinho aqui na saída da ponte Rio-Niterói, da estação de trem Leopoldina, do metrô do Estácio, enfim, uma localização excelente pra quem é carioca, e também pro flamenguista off-Rio. Finalmente a nossa casa sendo inaugurada, pra desgosto de um montão de gente que ficou muito tempo falando um montão de besteira. Mas isso a gente pode até trocar ideia depois. O Flamengo hoje precisa buscar os três pontos, de qualquer maneeeira! Caso o nosso Mengo conquiste a vitória contra o Boca, ele empata contra o próprio, ééé, empata em número de pontos com o próprio Boca Juniors, liderando o Grupo A, tá certo? Por enquanto, o Boca Juniors segue, ééé, o Boca segue líder com seis pontos. Três pontos têm Flamengo e San Juan de La Sierra e Libertad de Maldonado, que empataram, né, nessa semana que passou. Que empataram não, Libertad venceu o San Juan, empatando em número de pontos com o Flamengo e o próprio San Juan. Acho que assim ficou claro, né? Então é partida importante pro Flamengo tentar um respiro aí no grupo, né, tentar chegar mais próximo na classificação, porque, depois, no outro turno, o Flamengo enfrenta os argentinos, lá na Bombonera, e aí tem mais duas partidas definindo aqui na Arena, contra o Libertad e contra o San Juan. Então vamos falar bastante desse jogo, da preparação, logo mais liberam as escalações oficiais, vamos ver se o maldito xis-nove vai cravar mais uma vez. O Flamengo costuma anunciar oficialmente o time uma hora antes, pelas redes do clube, mas, em jogo da Libertadores, normalmente a Conmebol divulga até um pouquinho mais cedo, então lá pelas cinco, cinco e meia, a gente deve ter escalações confirmadas. Segundo o portal Rubroato, a escalação provável é Raul; Leandro, Marinho, Mozer e Júnior; Andrade, Adílio e Zico; Se Arrasta, Nunes e Gabivô. Os nossos amigos aqui da bancada já já vão dizer o que acham dessa escalação, se concordam, não concordam, hehehe, tô vendo já o @Zoado balançando a cabeça, hehe, caaaalma, @Zoado, caaalma, já já você comenta quem tem que sair e quem precisa entrar nesse time. A #ForaGuardiola, lançada no Twitter pela FlaRodinei, tá encabeçando o *trending topics Brasil* desde ontem à noite. Tem muita coisa pra gente falar, pra gente debater aqui sobre a partida, mas antes deixa eu só fazer aquele pedido pra galera que estiver chegando aí: quem puder, compartilha a live nos grupos de zap, nas mídias sociais, chama a galera pra participar com a gente, manda aí sua mensagem. Tô vendo que o Leo Corneteiro já tá quase pronto lá pra entrar ao vivo com imagens da Arena do Urubu e as últimas informações do entorno do estádio, logo logo ele entra com a chegada da galera, palpite do placar e tudo o mais. Enquanto ele se ajeita lá com seu equipamento, eu vou pedindo pra você deixar o like. Deixa o like que é de graça e é muito importante pra nós, vai no joinha, ativa as notificações, dá essa moral pra gente porque faz a plataforma indicar a nossa live pra mais e mais e mais apaixonados pelo Mais Querido. Tô aqui com essa bancada que é bancada quase fixa já nos pré-jogos, né, vou dar boa-tarde primeiro pro, estranho, né, tô acostumado a dar bom-dia e boa-noite, boa-tarde eu não tô muito acostumado, não. Mas, boa tarde, meu parceiro @Zoado, bem-vindo à resenha do nosso pré-

— Ué, nos domingo tu dá boa-tarde, não dá?

— É verdade. É. Não. Depende. Quando é 19 horas, não, só quando é pré-jogo do jogo das quatro, aí sim, aí é verdade, aí

— Hehehe, tô só zoando, tô zoando.

— @Zoado, meu amigo, boa tarde! Bem-vindo, mais uma vez! Libertadores, inauguração da Arena, esse time aí... Tá animado?

— Fala, camarada Fala Claro! Boa tarde! Boa tarde, Leo! Boa tarde, Magnata, que tá aí na produção! Boa tarde, pessoal do chat! Reitero tudo que é pedido aí que o nosso amigo Fala Claro fez, essa parada de like, não mais sei que e parará pão doce. Agora, respondendo à pergunta: não dá, né?! Ficar animado com um timeco desses, não dá! É inadmissível a gente torcer, torcer, torcer, e esses cara só de sacanagem! Ninguém bota sangue, morô?! Tudo acomodado! Um futebolzinho ridículo! Ridículo! Flamengo tá passando vergonha! Esse professor Pardiola já deu! Muito burro! Ele que volte lá pras nêga dele porque aqui já deu! Eu não guento mais essa conversa de posicional, de três zagueiro! Quando que ele vai parar de ficar escalando esses menino tudo ruim de bola?! Vai queimar os moleque! O Flamengo tem elenco, pô! Precisa rodar, acabar com essa panela, tem que botar pelo menos meio time aí pra curtir um banquinho, tá sabendo?! Pelo menos meio time! E quem ficar de cara feia é só negociar! Eles não sabem o que que é ser Flamengo! Isso é falta de

— Ô, @Zoado, guarda aí seu raciocínio, depois você retoma, não perde o fio da meada, não. É que o Leo Corneteiro já tá pronto e vai falar pragente como tá o clima dessa festa! Fala, Corneta, diz aí! Muita gente já pra acompanhar o Mengão metendo um saco nos hermanos?

— Boa tarde, companheiros de bancada! Boa tarde, todo mundo! Vocês podem estar estranhando que eu não estou de microfone e coisa e tal, que eu estou de celular e fones nos ouvidos como um torcedor comum, mas eu explico: é que a Conmebol não permite que se façam imagens aqui desse entorno, a gente precisa ficar misturado no meio do povo, celular na mão, rodando igual piru, tipo turista, tão vendo? Existem fiscais circulando por aqui, aliás, tem mais fiscal e mais polícia do que foi anunciado, só que deve ser porque a tarde hoje é uma tarde especial, hoje é a festa de inauguração da nossa casa, a Arena do Urubu, então, como eu dizia, há fiscais da Conmebol pra todo lado por aqui, fiscais pra ver se não estamos fazendo transmissão ao vivo e tudo mais, é proibido, mas a gente vai dando o nosso jeito por aqui que a gente é ninja, vai dar tudo certo, então vamos lá: o Estádio Meninos do Ninho, com cobertura retrátil, com grama sintética, capacidade pra aproximadamente 100 mil torcedores, é muito mais do que um estádio simplesmente, a nossa Arena do Urubu é um verdadeiro complexo de entretenimento, com shopping, estacionamento pra 9 mil vagas, academia, hotel, cinema, aqui vão rolar vários shows, eventos corporativos, e tudo que puder render ao clube dinheiro pra financiar times fortes, que sustentem nossa hegemonia no Rio e no Brasil e na América do Sul e no mundo! A programação de hoje é a seguinte: meia hora antes da partida, vai ter show da Anitta, e muitos torcedores rubro-negros ficaram na bronca, pois todos sabemos que ela torce é lá pelo rival,

— Absurdo isso!

— Oi?

— Absurdo uma parada dessas!

— Isso, @Zoado, absurdo uma parada dessas. Por que que não chamaram o Marcelo D2? Por que que não falaram com a Sandra de Sá? Com o Diogo Nogueira? Com o Ivo Meireles? Pior, só se fosse a Teresa Cristina, fala sério! Por falar em torcedor na bronca,

que o Maraca vai virar um elefante branco

nossos governantes precisam

uma confusão dos diabos aqui

correria

— Corneta?! É, rapaziada, parece que o Leo Corneteiro tá com um probleminha de sinal lá na Arena, então vâmo aproveitar pra mandar um alô pra essa galera com a gente no chat enquanto ele não volta. Um salve pro amigo @TripaSeca, pro parceiro @ZédaZona, pra grande @DonaSandra, que tá sempre dando uma moral nas nossas lives, um beijo pra ela, um salve também pro

—

— Tá no mudo, Corneteiro. Tá mutado.

— Então, como eu ia dizendo, aqui, neste momento, do nada, começou uma confusão dos diabos, uma correria infernal! Apurei, com uma fonte que não quis se identificar, só posso dizer que é um integrante do BEPE, Batalhão Especializado no Policiamento dos Estádios, da PM do Rio, apurei com essa fonte que talvez tenha havido tentativa de atentado terrorista, parece que acabaram de prender três indivíduos, cada um com camisa de um time rival, esses meliantes podem ser do mesmo grupo que teria feito pichações no acesso sul da Arena, nessa madrugada que passou, com palavras de ordem exigindo um posicionamento das autoridades contra o abandono do Maracanã, protesto que foi prontamente apagado do muro pela equipe de manutenção. Meu cunhado afirma ainda, quer dizer, a fonte termina alegando que supostamente os vagabundos circulavam em posse de um artefato potencialmente explosivo quando foram detidos e levados a alguma delegacia, pra devida averiguação. E peço desculpas pela tremedeira nas imagens, porque tive que sair meio correndo do local onde estava, todo mundo está meio correndo cada um pro lado que consegue, isso aqui está uma tremenda confusão, tem fumaça, gás lacrimogêneo, de pimenta, sei lá, som de bombas estourando, mas não dá pra saber de onde vêm, no momento acho que já estou perto de São Cristóvão, não tenho certeza, vejo grupos vestidos com camisa da Seleção Brasileira e de máscara preta na cara tocando o terror pra cima de geral, não dá pra saber muito bem o que está ocorrendo, não sei nem se vai ter jogo, já que

MELHORES MOMENTOS

LEONARDO VILLA-FORTE

Brotou você! Chega mais, vem coladaço, vem juntinho com a melhor equipe de esportes do que, Marquinho Laranjeira? *De toda a rádio nacional.* De toda a rádio nacional, disse o Laranjeira, e se ele disse, meu amigo, eu fico mudo e assino embaixo. Só digo uma coisa. Partidaça de futebol. É o que o dia promete, uma partidaça de futebol, essa invenção dos Deuses que une flamenguistas e vascaínos como a guerra unia gregos e troianos, tupiniquis e tupinambás, eu e minha sogra, tô brincando, Dona Neia, te amo, minha amiga! Vai um agradecimento aqui ao vivo pelo seu apoio à nossa família, à minha amada Jaqueline nesse momento, Dona Neia, a senhora é uma força da natureza. A gente trabalha, mas a gente tem uma vida em casa, não é mesmo, Laranjeira? Igual a todo mundo. É isso aí, meu velho parceiro, preparado pra acompanhar essa equipe mágica do Flamengo, a equipe de Jesus, campeã da Libertadores, batendo todos os recordes, contra esse time impressionante, osso duro de roer, que é o inglês Liverpool, nada mais nada menos que o campeão da Eurocopa? *A expectativa é de um jogão disputado, jogo franco, de trocação. Tô curioso pra ver como vão se portar em campo esses dois times que são muito bem treinados por dois caras de alto nível, super-estrategistas. E feliz de estar hoje aqui nessa transmissão tão especial com você, meu caro Márcio Roger Miranda, amigo de longa data por quem tenho tanto carinho. É claro que a gente vai analisar tudo com frieza, mas, cá pra nós, não dá pra segurar a torcida quando tem um time brasileiro na final do mundial, né, Mirandão?* Não dá mesmo, Laranjeira, caríssimo amigo, hoje é dia de sonhar junto. Você aí em casa, já tá acomodado? Você que tá rodando, fazendo aquele cascalho, aquele faz-me-rir pra não deixar girar o prazo, você meu guerreiro da pista, sete dias por semana, já se permitiu um intervalo pra emoção? Você que tá no bar com a galera, pede pro garçom aumentar o volume e, ó, não esquece de desligar o ventilador de teto, que eu já vi embolar camisa quando o cara tá feito louco na hora do gol do Mengão pulando, agitando tudo, hein, meu urubu doido, porque hoje vem a nata, hoje vem a cavalaria. É Arrasca, é Bruno Henrique, é Gabigol, é craque atrás de craque nesse time azeitado que vem encantando o Brasil, a expectativa tá mais alta que voo de espaçonave do Elon Musk. É o Flamengão da galera representando um povo, um país. Uma nação. Alegria alegria, Brasil inteiro ligado sintonizado angustiado, você já foi no Catar, Marquinho Laranjeira? *Nunca tive essa oportunidade.* Alô, meu chefe, sentiu a indireta? Chama o patrocinador! Eu tô brincando, a gente aqui, todo mundo que trabalha nessa rádio maravilhosa, eu tenho certeza que tem o maior prazer, o maior orgulho de fazer parte dessa equipe, e agora eu aproveito que o jogo ainda tá pra começar, eu vou pedir licença aos nossos ouvintes *Tamo contigo, Mirandão* porque eu quero agradecer as inúmeras manifestações de carinho que tenho recebido nos últimos dias, as mensagens, os abraços, as orações, nas ruas, estádios, pelas redes sociais, os colegas, amigos, os torcedores que batem ponto no Bunda de Fora na esquina lá de casa, o pessoal do Madelaine, o Geraldo, que sempre guarda aquela mesa especial pra mim, faz coisa de uma semana fui comer aquele camarão na moranga lá com a família e o Geraldo me deu um abraço forte, deu um abraço também na Jaqueline e me disse umas palavras bonitas, sabe, ô Marquinho, e entre outras coisas ele disse pra gente que hoje o Flamengo vai jogar pelo Lucca, e vai ser campeão para o Lucca. Eu guardei isso comigo, viu, Geraldo. Isso tocou o meu coração, e vendo agora a equipe já em campo, se preparando, eu tô achando é que vai ser mesmo, porque meu Lucca, depois da conquista do Brasileiro e da Libertadores, ele só pensava nisso, ele só fazia uma coisa. Ele não parava de falar nessa partida, meu amigo Laranjeira, então você imagina a minha emoção Eu sei, *ele tava dormindo de pijaminha rubro-negro* e eu acho que de certa maneira o abraço e as palavras do meu amigo Maître Geraldo representam o que eu tenho recebido do povo carioca, sempre muito fraterno comigo, por isso eu faço questão de registrar a minha gratidão por esse carinho que tem sido importante demais pra mim e pra minha família num momento doloroso, vocês tão ouvindo? Meu muito obrigado. Que o meu abraço chegue aonde quer que você esteja. E que Papai do céu nos ajude a seguir sorrindo e tocando a bola pra frente, e tamo junto, vamos pra cima que é dia de jogo grande, é dia de final de campeonato mundial na RBB, a sua Rádio Bola Brasil. Aproximando gerações. Agora vamos parar de papinho, vamos parar de blá-blá-blá, que o relógio anda pra frente e ele acaba de marcar são duas e meia da tarde no Brasil, sete e meia da noite no Estádio Internacional Khalifa, e autoriza o árbitro.

(...)

Firmino disputa a bola perto da área do Flamengo. Era de se esperar que o time do Liverpool partisse pro ataque. *Pois é, eles têm esse hábito, Miranda, eles vão pra cima mesmo.* O Flamengo é grande, o Flamengo não se intimida, o Flamengo se fecha a princípio ali atrás e vem o lançamento do zagueiro Gomez. Pro Firmino nas costas do Rodrigo Caio. Isso não pode deixar acontecer. Não tava impedido? *Tava não, Miranda*. Jogada legal? *Totalmente constitucional*. Jesus orienta a defesa.

(...)

Tenta se impor o Flamengo tocando a bola com sete jogadores à frente do meio-campo. O Flamengo do querido Padre Afonso. Flamengo do grande carioca Zé Isaac. Flamengo do povo. O Flamengo vai tentando chegar na intermediária. Arão. Gérson. Gérson pra Arrascaeta. A bola batida de longe. Subiu demais, apenas tiro de meta. *O uruguaio pegou muito embaixo na bola. Mas mostrou que o Flamengo tá em campo*. A parada é dura e o torcedor flamenguista quer muito esse título. São gerações unidas torcendo pelo seu time aqui na RBB.

(...)

E pronto. Tem sempre um aparecido querendo aparecer. Como é que fica a imagem do brasileiro no exterior? Invadiu o campo, tentou ali dar um abraço no Gabigol, mas a polícia chegou antes. *Vergonha*. Plena final do Mundial de Clubes. Falar uma coisa, eu não faço ideia de como é a lei no Catar pra esse tipo de atitude. Mas que o cara vai no mínimo pegar uma noite em cana, ah, isso ele vai. *Vapo-vapo*. Eita, mas aí é brutalidade, Laranjeira. Pega leve, alguma punição tem que ter, que sirva de lição, mas vamos com calma, relaxa, meu emir. *Imagina o Henrique Dourado metendo um gol aqui*. Benzadeus, o que ia dar de mal-entendido... *Ele ia ter que mudar o estilo de comemoração dele. Se não mudasse...* Nem brinca, se não mudasse, aí ele ia ter que mudar o estilo de jogo, virar atacante passador, pra evitar de fazer gol. Já viu isso? O artilheiro que evita fazer gol. *Essa foi boa*. Roberto Firmino tá ali esperando o rapaz ser conduzido.

O Roberto Firmino, ele tem uma curiosidade, todo mundo fala do sorriso dele, os dentes brancos dele, e eu digo isso por conta da curiosidade que é a seguinte. O Roberto Firmino, ele foi descoberto em Maceió, lá em Alagoas, com 14 anos de idade, sabe por quem? Foi descoberto por um dentista. É, amigo, o sujeito era olheiro e dentista. Viu o jovem Robertinho arrebentando na pelada da garotada lá do conjunto de Virgem dos Pobres, onde morava a família Firmino, e pronto, levou o garoto pro CRB, e daí, meu amigo, daí pra frente é história e dentes bem cuidados. Quem me contou foram meus parentes de Alagoas, vai aqui um abraço pro meu querido primo Eraldo. Com 14 anos descoberto em Maceió, hoje o mundo inteiro tá vendo ele se destacar. Tô falando do Firmino, não do meu primo, embora o Eraldo toque a melhor pousada de Palmeira dos Índios, só falta me convidar, cidade também do grande Mano Walter. O que é a vida, não é, Laranjeira? Por sinal, Mano Walter, primo Eraldo, sei que tão ouvindo, obrigado por terem marcado presença na homenagem ao Lucca, eu prefiro chamar assim, homenagem, sabe, Marquinho? Família sempre importante ter por perto, ainda mais nesses momentos.

(...)

Retificando aqui as palavras do Laranjeira. O vapo-vapo não tinha nada a ver com a situação do rapaz que foi detido ao invadir o campo, é isso? *Correto, Miranda, essa nunca foi a intenção, era sobre o jogo. Eu quis dizer que o jogo tá bom pro Gérson, que é conhecido pela comemoração que ficou conhecida como vapo-vapo, apenas isso, não quis dizer nada além disso.* Eu que fiz confusão. Peço desculpas aos ouvintes e às autoridades do Catar que porventura tenham se incomodado. E desculpas ao meu amigo Laranjeira, a gente nem sempre faz a leitura correta.

(...)

Olha o Salah, a marcação em cima dele, sai do primeiro, puxou pra trás, esse é craque, o egípcio é bom de bola, trabalha bem com a perna esquerda perto da lateral, tentou a enfiada, a bola bateu no braço dele, o juiz não deu, o time do Flamengo reclama a bola, volta a bola, a batida de novo e outra vez vai por cima, chegava por lá o Keita pressionando com suas chuteiras brancas. Sempre essa bola comprida nas costas. O Flamengo não pode adiantar demais a defesa.

(...)

Gerson tenta sair pelo meio, fica no chão, pediu falta, o juiz não deu, o Liverpool trabalha, vem a batida direta pro gol. Alexander-Arnold. É o mais novo do time e já tem uma Copa do Mundo nas costas. Tem muita visão de jogo, é um grande jogador de xadrez. Foi campeão mundial de xadrez, pra você ter uma ideia, esporte que o Lucca também vinha treinando. O cara tem que ser muito aplicado pra ter qualidade tanto no futebol quanto no xadrez, é que nem o cara que descobriu o Firmino que era dentista e olheiro ao mesmo tempo. *Mais ou menos. O sujeito pra ser dentista tem que ter olho bom, mas pra ver jogo bem ninguém precisa tratar direito dos dentes.* Arrascaeta desgarrou da marcação, botou na frente. Pelo lado direito. Trocou com o Everton. A posição parece ser legal. Chegou o Gabigol. Ídolo das crianças. Bruno Henrique tá na área. Gabigol partiu, gingou, balançou pra cima do Van Dijk, tentou o cruzamento, se segura na cadeira! O corte foi feito pelo zagueirão holandês. Um jogo muito equilibrado de parte a parte. Os dois técnicos devem ter estudado demais os dois times. Gabigol pede cartão pra um jogador do time adversário por conta de jogada anterior. *Importante estabelecer esse contato com o árbitro, mostrar que estamos de olho.* No quarto do

Lucca tem camisa do Gabigol. Tem também uma faixa que a mãe, sempre muito bem humorada, minha rainha Jacqueline, colocou logo depois que ele nasceu e o Luquita nunca mais tirou da parede: quem não chora não mama. Com 10 anos, ele já não chorava nem mamava, mas deixava lá. Luquita e seu gosto particular por ditados populares. *Baita garoto, Mirandão.*

(...)

Bruno Henrique vai pra cima pela linha de fundo. Decide, decide, decide Bruno Henrique, bota pra frente, tocou pra trás. Pra cima dele, Bruno Henrique, que eu sou mais você, encara que cê ganha, fez o cruzamento. Ele vem de novo, ele vem de novo, vem tentando tocar ali por onde ele gosta de jogar, o Alisson chegou abafando, tava impedido. Eles marcam muito a saída de bola. Aí é que pode fazer a diferença. Bruno Henrique. Esse é o cara. Além de jogar muito, a internet adora suas frases. Luquita sempre me dizia: papai, você tá em outro patamar. Você deve ter muitas páginas de Instagram. *Moleque era fera. Se botasse ele aqui na bancada pra comentar com a gente, ele comentava.*

(...)

Tem que tomar cuidado com esse contra-ataque. Vâmo, Diego Alves, vâmo que ela é sua. Agarrou seguro o goleirão do Flamengo. Pablo Marí também fazendo um bom jogo, parece mais ligado que na semifinal.

(...)

Flamengo tenta empurrar o Liverpool pra trás, o Flamengo chega com Filipe Luís. Tabelou com Arão, recebeu. Vem chegando o Flamengo. Ganhando espaço. Do jeito que gosta. Bota pressão. Gabigol. Hoje tá sem o cabelo loiro descolorido, o Gabigol. Pé direito. Vai bater de pé direito da entrada da área, não é o dele, ele bateu sem jeito. Eu fico pensando. Não tem ninguém no Ninho do Urubu que bote o Gabriel pra treinar perna direita, não? Como é que pode? *Perfeito, Miranda, treinasse um pouquinho mais, já melhorava muito. Pra quem não tem nada, metade é o dobro.* Totalmente cego de perna direita o Gabriel. Uma criança destra de 10 anos faz melhor.

(...)

E o árbitro aponta o centro do campo. Robertson sai reclamando. O Klopp saiu correndo, não deve ter gostado do primeiro tempo. Aí Rafinha conversando lá. O presidente faz questão de aplaudir, dar aquela moral pros jogadores e agora acena pra torcida. *O time do Flamengo tá jogando de igual pra igual. Nesse segundo tempo, pode dar bom, Miranda. Falta o Éverton Ribeiro entrar um pouco mais no jogo. Ele tenta, tenta, mas a impressão é de que tá mais parado que saci de patinete, facilitando a marcação. E, ó, tem caminho aberto ali na defesa inglesa pelo lado direito pra equipe rubro-negra explorar mais.* Notícia boa, notícia fresquinha, eu acabo de saber que nossa audiência tá lá no alto. Só posso agradecer o carinho. Na minha opinião, o jogo tá morno, os dois times se estudando muito, mas tenho certeza que vai melhorar, com os dois times querendo, o segundo tempo promete.

(...)

Tudo pronto pro reinício do jogo, você aí na sua casa, no seu carro, no bar, pilotando na estrada, aumenta o volume pra não dormir, todo mundo ligadão, é agora ou nunca, 45 minutos pro Flamengo alterar o placar e se sagrar campeão mundial, começa o segundo tempo! No título de 81 Laranjeira era nascido?, eu tinha 10 anos. *Eu tava nascendo.* Vi de casa, na tevê que meu pai tinha juntado um dinheiro durante meses pra poder comprar. A rua inteira foi ver lá em casa. *Aquela geração fantástica. Depois veio até outra, que o Flamengo não soube aproveitar. Agora tem essa, que, assim, pela intensidade, a quantidade de título em tão pouco tempo, quem sabe pode superar na história a que ganhou tudo.* Pode e deve. É o que futuro quer da gente.

(...)

Vinha o chute pra frente do Everton Ribeiro, que deu no toque de cabeça do Gabigol pro Bruno Henrique, mas não chegou no ponto pro Bruno Henrique partir com ela, ele não conseguiu dominar e correr com aquelas pernas maravilhosas dele, pernas de velocista. O Flamengo tá atacando agora pro lado onde tem mais torcida do Flamengo. Beagá levanta os braços, convoca a torcida. *Lá laiá lalaiá... tchururururururu... Amar é tão sagrado pra quem sabe amar...* Coisa linda essa sinergia da torcida com o Beagá, né, Laranjeira? *Ele é uma estrela que não sabe parar de brilhar. Jogando muito hoje, diria que é o mais insinuante do Mengão até agora, quem mais levou perigo.* Tá jogando pro Luquita. Segundo o Geraldo. *Com certeza, Miranda.*

(...)

O Mané vem avançado, rola pro meio, a bola é perigosa, Firmino bateu forte, na trave! Sorte de campeão? Uma bola dessa... não tem conversa, ele não costuma perder. Atacante de Seleção Brasileira. Não tinha nem chance pro Diego Alves, que ficou ali paradinho empurrando mentalmente a bola pra fora da meta. Se eu for narrar de novo, eu narro essa bola lá dentro. *Bate na madeira. Tem que narrar gol é pro outro lado.*

(...)

Descola o lançamento, vem no apoio o Alexander-Arnold, ele recebe de novo, faz o cruzamento... que isso!, inverteu tudo, muita visão de jogo. Salah tinha invertido com Mané, chegou pela ponta esquerda, botou pra fora. Essa inversão de jogada precisa que os laterais e os zagueiros estejam no 220, tem que ficar ligado, não pode deixar de cobrir as costas dos laterais, senão eles vão ser mais ultrapassados que carro de autoescola, Laranjeira. Esse Arnold vai sempre encontrar uma oportunidade.

(...)

Aí o Flamengo marcando a saída de bola. Alisson falhou, vem o toque de cabeça, da defesa, o Flamengo insiste. Pede pênalti. O juiz não dá bola. Fica caído o jogador do Flamengo. Fica caído o Gabigol, estirado, indignado, contrariado reclamando com Deus e o mundo o Gabriel Barbosa. Tem juiz que entende isso como ofensa. O Gabigol, se tiver fingindo, acaba que joga a sua própria torcida contra ele mesmo, que preferia o seu ídolo de pé dando prosseguimento à jogada. *Tem que ficar de pé. Garotada se mira nele.*

(...)

Arão corta. Chamberlain tentou o toque pro meio, Rafinha chegou. Tava impedido, mas mesmo assim não teve domínio. A bola escapuliu. Será que o Rafinha sentiu? Ficou caído. Rafinha. Rubro-negro desde pequeno lá no Paraná. Até pela liderança que exerce, já dá pra dizer que virou ídolo da torcida do Flamengo? *Com certeza. Rafinha ama essa camisa e deixa tudo de si no gramado. O Flamengo encontrou um lateral pra ficar bota aí uns cinco anos no clube, jogando de titular.* Muita raça, muita entrega. Ele sofreu uma fratura no rosto, se recuperou, hoje tá jogando de capacete. Representa muito a alma desse time. É outro jogador favorito dos jovens, volta e meia vejo um garoto por aí de camisa com o número do Rafinha nas costas. Jogador que tem uma carreira bonita, inspira o desejo de vitória. *Além de arrepiar no cavaquinho.*

(...)

Fez o toque no meio Arrascaeta. Gabi pediu, ele pediu, ele bateu, a bola subiu. A bola foi desviada e caiu ali no flanco que é onde o Beagá gosta de partir pra cima. Pra cima deles, que eu quero ver. Bruno Henrique, cruzamento pro Gabigol, puxou, saiu fraco. Saiu um peteleco. Lembrou muito quando eu jogava bolinha de gude. Por isso virei narrador. *Um homem sensato.* Caiu o Alisson pra fazer a defesa.

(...)

Mais de trinta minutos. O Liverpool tenta botar mais pressão. Opa! Salah deixou a perna, vem cartão amarelo pra Mo Salah. Foi em cima do Bruno Henrique. Cartão amarelo pra Mo Salah. *Desnecessário.*

(...)

Gérson aparece. Dá opção pro Filipe Luís, Arão se aproxima, Gerson recebe perto da meia-lua, avança com ela, procura os companheiros, vai tentar de fora, vâmo, Gérson... O Gérson, quando chegou no Flamengo, ele era muito usado no lado direito, e aí o Jesus botou o Diego na posição mais central e inverteu o Vitinho, que voltou pro lado esquerdo, vâmo ver como o time se porta sem o Arrascaeta.

(...)

O árbitro aponta o centro de campo, vai rolar prorrogação. Todo mundo dá uma respirada. O presidente se volta pra conversar com o seu braço direito, que, muito se fala, planeja sair candidato ano que vem, eu não sei se isso é bom, se não é, eu só me pergunto: o que o Mister vai falar no vestiário pros seus jogadores? Qual coelho ele vai tirar da cartola?

(...)

O juiz sopra o apito, começa a prorrogação! Vem, Luquita, o Mengão vem que vem, e o Bruno Henrique tá lá, esperando o cruzamento, mas quem mete a cabeça é Van Dijk, afasta a bola, é escanteio pro time do Flamengo, que assusta o Liverpool.

(...)

Filipe Luís na linha de fundo, faz o cruzamento, a bola vai, chega Gabigol, de cabeça tocou pra trás... tentou achar o Bruno Henrique, deu nos pés do jogador adversário. E aí vem Henderson, olha o lançamento. Pro Mané, perigoso, fez o giro, passou, chegou o Firmino, limpou, bateu e é gol. Gol. Do Liverpool. Aos oito minutos e quinze do primeiro tempo da prorrogação. Um contra-ataque que não pode ser dado pra eles. Uma bola que foi a chance de fazer o gol, o ataque do Flamengo não se entendeu, e a jogada terminou virando uma possibilidade pro time inglês. A defesa ficou desprevenida. Estava adiantada demais. Teve que correr atrás no desespero. A bola veio em profundidade. Tudo que a gente vinha falando. O lançamento por dentro. Entre os dois zagueiros rubro-negros. Falta de atenção, Laranjeira. *Quem não escuta cuidado, escuta coitado. Tudo que a gente alertou. Gol realmente que não precisava. Time foi com muito apetite pro campo adversário. Esqueceu de se proteger. Mas foi meio bisonha a cabeçada do Gabriel lá na frente. Vamos esperar que o gol não desanime o time em campo. Não é assim tão anormal levar um gol dessa grande equipe que é o Liverpool, mas desse jeito, aproveitando a defesa plantada lá no alto, era pedra cantada. Como dizia meu pai, pegou a zaga de calças curtas.* A sensação é que dava pra ser evitado. Rafinha bate palma pra animar o pessoal, diz ali, vâmo, vâmo. Afinal, de que adianta ficar triste agora? Só vai impedir o bom trabalho. *A zaga ficou mais indecisa que camaleão no arco-íris.* Tem milhões de torcedores pra serem honrados ainda.

(...)

Flamengo se abriu, a sobra é do Liverpool. Salah bateu. Diego foi nela.

(...)

Pé direito, partiu, bateu, será que ele não percebe? Daí tá muito longe pra bater direto, Vitinho. Capricha, meu filho. O Lucca aprendeu o que é ambidestro por causa de você. Agora falta ele ver alguém chutando bem com as duas pernas. Eu confesso que estranhei o Jesus tirar o Arrascaeta e o Everton Ribeiro, que são as duas mentes criativas desse time. Enfim. É uma pena pra quem sonhava ver um Flamengo mais propositivo. *Deixa que o homem tem um plano. Acredita.*

(...)

Vamos, mengão! E parte pela esquerda, Filipe Luís tentou lançamento, Van Dijk fez o corte, meteu pela linha de fundo. É escanteio pro Flamengo. Agora a equipe brasileira precisa de todas as forças que ela puder reunir. Você de casa faça a sua mandinga. Luquita lá de cima tá torcendo. *Ele tá jogando boas energias, Miranda, eu tenho certeza.* Eu também, meu querido Laranjeira. *Ele tá de olho aqui. O Flamengo vai empatar. Sente o cheirinho.*

(...)

Fica sem ter com quem jogar, joga pela esquerda, vem receber de novo no meio, o Diego tem que se mexer. E agora é isso. É esperar por um milagre. Cadê o grito da torcida de eu acredito? A torcida parece espantada, esperando que um golzinho caia do céu. Torcida linda, precisa acordar.

(...)

Na direita. Bruno Henrique inverteu lado. É sempre uma esperança. Virou. Gabigol. Vem o cruzamento, vai Beagá, vai com o Luquita, Alisson pega.

(...)

Jogando por uma bola, o Mengão. Segundo tempo de prorrogação, o Flamengo perde por 1 a 0. O Milner tenta o lançamento. O Diego chega em cima, é bola pra lateral. O juiz mostra cartão amarelo pelo lance anterior. Diego, que sofreu uma lesão pesada no início da Libertadores, voltou na final, botou o time pra acreditar, deu o lançamento pro gol da virada, esse cara merece muito. Mudou de posição pra se encaixar no time. Cisca, cisca, mas é incansável. Temos quatro camisas do Luquita assinadas por ele, 2016, 2017, 18 e 19. Merece algo maior. Representa a virada desse time pra uma equipe vencedora. *Baita líder. Esse, quando se aposentar, vai dar palestra pelo Brasil inteiro. Escutem o que tô dizendo.*

(...)

Seis minutos pro final do jogo, a bola cobrada por Diego Alves, de novo. Filipe Luís. Faz bem a finta, veio por dentro, balançou a defesa adversária. Como ele engana com elegância. *Nunca tirou o terno.* Tocou na direita. Vitinho dá no Lincoln, que devolve, Vitinho penetra, vai lançar pro meio da área, o bloqueio, ele toca de novo, vai bater, vai bater, bateu, de primeir... é gol! Gol! É do Flamengo! Solta o canto do urubu! Golão do menino Lincoln! *Miranda...* Lincoln fez um dois com o Vitinho, que apareceu muito bem entrando na área, o Vitinho tentou meter ali pro Bruno Henrique, a zaga tirou, voltou pro Pequeno Vitor, que devolveu pro Lincoln e o garoto encheu o pé com direção! *Miranda, foi pra for...* quilha, no ângulo! Meteu na forquilha, ele que acabou de entrar. Foi na lata de primeira, primeiraça na cara dela do jeito que ela veio. Um golaço. O Flamengo empata a partida. Luquita! É pra ele! Não é pra ele, Laranjeira? Gol de empate pro Luquita. *Miranda...* Não é pra ele, Laranjeira? *Que gol de empa...* tia. Golaço de empatia do time, um tocando pro outro, sem ninguém ficar de fominhagem, um time solidário, que passa a bola pra quem tá melhor posicionado, bela observação, Laranjeira. Golaço de empatia pro Luquita da massa. Como Jesus indicou que devia ser. Você mesmo falou que o Mengão ia empatar e que ele tava de olho, alô alô, Mãe Dináh, te cuida que o Laranjeira vai te pegar. Falou ou não falou? *Falei, eu falei sim...* Por isso que você escuta a RBB, não só os melhores comentários como as mais exatas previsões, meus amigos. Ai, ai, ai, il, il, il, Marquinho Laranjeira, melhor comentarista do Brasil. É o Mengão indo pra cima sem se deixar abalar. Fiquem conosco, caros ouvintes, que esse jogo ainda tem muita emoção. O que me diz sobre essa jogada ali na cabeça da área entre o Vitinho, o Lincoln, o Filipe Luís, jogada bem tramada, Laranjeira? *Jogada bem tramada. Muito bem tramada. Inexplicável.* Você falou que ia sair o empate. *Eu falei que ia sair o empate. Parece que tem um vento doido aí soprando a favor. Não é, Antônio?* O estádio pula, o torcedor não sabe se abraça se ele se beija, se canta, se ri, se chora. *Ô Antônio...* O povo no estúdio gesticula, ninguém disfarça, é comemoração lá e aqui no estúdio também. Lincoln teve a chance, acabou de entrar, não titubeou, mostrou a que veio, mérito também do Jota Jota, que bancou essa substituição no lugar do Gérson. O que pode ser dito sobre esse imenso treinador, Laranjeira? *Ele faz mágica.* Enxergou bem demais! Na comemoração, o garoto foi ali abraçar sua família. Dezenove anos recém-completados. Que a família esteja sempre junto dele e ele sempre junto de sua família. É um gol que pode mudar tudo na vida do menino Lincoln. Cheio de futuro pela frente. Agora tem que ver o que fazer. Tem que segurar os caras. Tem que segurar... Não pode ficar nervoso. O ouvinte me perdoe a voz embargada. Um profissional também é um ser humano. *Ô Antônio...* Aqui não tem maquiagem, não tem mi-mi-mi, é todo mundo autêntico, todo mundo transparente, todo mundo emoção. Um a um no placar. É aquela história: deixou chegar... E agora, meu amigo? O Flamengo vai pra cima?

Vai tentar virar? Vai controlar o jogo pra tentar ganhar nos pênaltis? Olha que Diego Alves é pegador, hein! Diego de um lado, Alisson do outro. Em quem você aposta? Sou mais Flamengo. Eu e meu pequeno Lucca. Ele que tá vestindo a camisa rubro--negra que ele tanto gostava, que eu trouxe aqui comigo, cheia de autógrafos dos jogadores dessa equipe rubro-negra tão aguerrida quanto técnica. O Flamengo do grande ator Marcelo Serrado, Flamengo do Humberto Martins, do Márcio Garcia, o que não pode é isso aí. Desatenção. William Arão parecia que tava ali tranquilo esperando a vez dele de apertar a bisnaga de mostarda na carrocinha de cachorro-quente da praça. Totalmente avoado. Veio o Keita e roubou a bola. Que passe de Keita pra Salah, a enfiada é perigosa, a defesa foi pega desprevenida, de novo, meu Deus, de novo, Salah dominou, encarou o Pablo Marí, vai tentar o drible, vem Firmino, vem passando, recebeu, pra fora... o chute saiu mascado. Diego Alves só acompanhou a bola saindo. Arão se desculpa com o time. E tem que se desculpar mesmo. Tá mal, Arão! Ó o Luquita aí. Tá mal, Arão! Ah, esse garoto. O jogo não para. Berrío tocou pra Diego e disparou pela direita, Diego não viu, eles que se entenderam bem demais na semifinal da Copa do Brasil de 2017, aquele gol antológico, drible incrível do colombiano The Flash. Diego segura a bola, atrai a marcação, vambora, gira o corpo, vai, mete pra frente, sou mais Flamengo, Diego toca um bolão pra Gabigol vem por trás o Rodinei deixou passar pra Vitinho driblou Van Dijk ficou pra trás limpou faz Vitinho faz Vitinho faz faz faz faz faz fez fez fez fez... é gol é gol é gol é gol... gol! É o gol do título! Ah! Eu tô maluco! Festa no gueto pode vir, pode chegar, vem gritar pro mundo inteiro uma virada abençoada! Salve, Dom Orani! Diego faz o gesto dizendo que acabou. É do Flamengo! É de Vitinho! Virou.

Virou. Virou o time do Flamengo. A torcida do Liverpool fica desesperada, desanimada, abatida, trucidada. Os jogadores cabisbaixos. Vitinho, um herói improvável, coloca o Flamengo na frente do placar. Muitas vezes criticado pela torcida e até merecidamente, diga-se de passagem, mas hoje ele entra pra galeria dos grandes heróis rubro-negros. Calma, olha a cabeça, Luquita. Ele não para de pular! O que é a vida, não é, Laranjeira? *Pois é, Miranda. Vamos dizer assim que o Flamengo parecia morto, mas tava mais vivo do que a gente podia imaginar.* Gol do ambidestro Vitinho, eu tenho certeza que quem soprou a perna dele para chutar foi o meu garoto. Lucca, o seu Flamengo vai ser campeão! Um passe espetacular do Diego pra Gabigol, que deixou magistralmente, fez o corta luz pra Vitinho, o Rodinei surgiu como uma flecha, parecia que ia estragar tudo e passou por cima dela também, deixou a defesa do Liverpool totalmente desnorteada, você viu, filhão?, claro que viu o corta luz duplo, Gabigol e Rodinei concorrendo ao Oscar ano que vem, e a bola veio rolando, veio flertando charmosa, dengosa, maliciosa, que maravilha, que coisa linda pra beijar com gosto o pé do Vitinho, ele preferiu não chutar de primeira, dominou, balançou o corpo, gingou, criou espaço pro chute e guardou na sacola, partiu pro abraço, meu amor. Rodinei entrou agora, nem tocou na bola, já mudou o placar. Figuraça. E o Gabigol não foi fominha. É um milagre atrás do outro. Viu o Vitinho aparecendo ali, deixou passar, Vitinho tirou o zagueiro com enorme categoria, escolheu o canto e enfiou um balaço pra fazer o gol do título. Que chute, meu amigo! Que chute, Luccagol. O jogo reinicia, mas olha, tem mais é que terminar, seu juiz, tem mais é que terminar, Seu Abdulrahman Al-Jassim. O Klopp já sente que a batata assou. E o Mister? Olha o Mister, ele tá enlouquecido na beira do campo. O Mister que há um mês recebeu o título de Cidadão Honorário carioca numa grande cerimônia na Câmara dos Vereadores, no Plenário do Palácio Pedro Ernesto, com a presença do presidente, a presença também do nosso governador do Rio de Janeiro, e claro que nós estivemos lá, Luccagol e eu, fomos juntos, o hospital permitiu, a gente foi lá, o Mister te deu um beijo na testa, disse que tava torcendo por você e que ia pedir pra toda a torcida do Flamengo torcer por você, e agora você vê aí, refletidas nas arquibancadas de Doha as palavras do vereador Jorge Felippe, que abriu naquele dia a sessão da Casa. O Flamengo é religião, ele disse. É uma questão de acreditar e comungar. O Flamengo é uma paixão avassaladora que envolve a tudo e a todos. Ele disse. E quem vai duvidar, Laranjeira? Quem ousa duvidar? O escanteio foi cobrado pelo Gabigol. Toca de lado o Rodinei, é lateral, atenção, meu Lucca amado, acabou! Acabou! Apita o final de jogo no Catar. O Flamengo se sagra bi-cam-peão mundial! Meu Deus! Eu não tô acreditando. *Bicampeão. É isso aí. É muito isso aí. Vento soprou a favor, né.* Uma virada espetacular pra cima do Liverpool! Que jogo histórico, meus amigos! *Logo os caras que Jesus botou pra entrar. Lincoln e Vitinho. Tem muita estrela o português. Coicidência? Não pode ser.* Exato, Laranjeira! Isso que eu ia falar! É de louvar Jesus pra sempre. O Flamengo renasceu no jogo! Uma final de arrepiar, de emocionar, de maltratar o coração da gente. É... é isso que faz do futebol o maior esporte do mundo. Ou não faz? Bruno Henrique se abraça, todo mundo comemora. Luccagol abraçando todo mundo. O Klopp ali totalmente confuso, ele não sabe o que pensar, parece não compreender aonde errou. A torcida, como eu disse, não sabe se abraça, se pula, se canta, se chora, o que ela faz? Ah! Eu tô maluco! Festa na favela! Eu sou coração mesmo. Esse cara aqui do lado foi fundamental. *Não, são suas palavras. Eu não sou ninguém sem você, Miranda.* E a Jaqueline, minha mulher, está ali fora da cabine. Ô Antônio, por favor, chama ela pra cá, pode deixar ela entrar, por favor, minha companheira Jaqueline. Esse título mundial... Eu vou dizer uma coisa. Vou tentar dizer enquanto ainda consigo. Quando eu tava lá de joelhos de frente pra tevê, ainda era aquelas tevês de tubo, trombolhuda, com meu velho pai tomando a cerveja dele fingindo que tava tudo bem na poltrona ao lado, ele, que com muito esforço, muito trabalho, muita dedicação e sacrifício, trabalhando numa fábrica de brinquedos, chão de fábrica mesmo, levando uma vida honrada, os dedos tudo grosso, machucado, havia comprado a única tevê da nossa rua, e nós dois vendo o Zico e aquela turma toda fantástica ganhar o mundo em 81, eu tinha 10 anos, a idade que meu Lucca tem hoje. E agora o Flamengo é bicampeão mundial, como foi quando eu tinha 10 anos. Vitória histórica no Catar. Trinta e oito anos depois. Uma equipe que foi sendo formada aos poucos, que começou lá atrás, com uma nova administração, que foi sendo melhorada cada vez mais, qualificada pela direção atual. Parabéns ao presidente, que manteve e melhorou a proposta de ir se estruturando ano a ano até chegar a esse time que qualquer pessoa que goste de futebol de verdade vai sentir um enorme prazer de ver jogar. Um time que ganhou absolutamente tudo ao longo do ano de 2019. É campeão carioca, campeão brasileiro, campeão da Libertadores, o Flamengo, meu amigo, o Flamengo tá ligadaço, o rubro-negro escalou o Everest, o Flamengo é campeão mundial! Solta o canto do urubu! Deus nos abençoe. Rádio Bola Brasil. Informação acima de tudo, emoção para todos. *Agradecer também aos ouvintes, Miranda. O Antônio informou aqui, chegamos numa marca, olha, impressionante. Alcançamos recorde absoluto de audiência. Olha aí! Viu?* RBB, aproximando gerações. Agradecemos o seu carinho, agradecemos a sua audiência. O seu amor. E faça a festa. Faça a festa, esteja você onde estiver, de corpo ou de alma, na terra ou no céu, eu tenho certeza que esse título é pra você.

DONA CASEMIRA

MARCO ANTONIO MARTIRE

O ciúme contra o Flamengo era grande dentro de minha casa. Tanto que o casamento de minha irmã foi marcado exatamente na data da final do Interclubes entre o Flamengo de Zico e o Liverpool. Tivemos todos que ir ao casamento, e eu, criança, senti o golpe. O jogo seria transmitido do Japão em plena madrugada, e, obrigado ao casamento, eu me entretinha, sem outro jeito, com os quitutes e as brincadeiras, sem poder torcer para o meu time de coração.

Mas, com o tempo, venci o ciúme da família e assumi meu lugar no mundo do futebol. Sou torcedor do Flamengo, e pronto. O mesmo, porém, não acontecia com ela. Tínhamos 15 anos, meio que namorávamos, e sua família, com igual ciúme contra o Flamengo, não sabia para qual time ela torcia. Ou pior: imaginava que não torcia para time algum. Mariana não concebia forma de escapar desse mal. Era muito tímida.

— Nininha não liga pra essa história de futebol.

— Negócio dela é namorar o Paulo.

Queixava-se ao meu lado, enquanto sentávamos na calçada imaginando quantos jogos poderíamos assistir se ao menos sua família soubesse que ela era rubro-negra até a raiz do cabelo.

Até aquele momento, nem mesmo a carinhosa relação com a avó ajudava no desfecho do caso. A velha senhora não tolerava flamenguistas, pelo menos assim achávamos. Estava tudo bem, desde que não se manifestasse a preferência. A dor de Mariana era ainda maior por não poder ter nem uma camisa do Flamengo, nem mesmo um ursinho de pelúcia ou um chaveiro com as cores do time. Adquirir um mimo desses e, assim, assumir, de forma branda e gentil, o time para o qual torcia não passava pela cabeça dela. A cisma me incluía, eu não podia sequer pensar entrar em sua casa vestido de rubro-negro. Toleravam-me, mas não estabeleciam qualquer ligação entre o meu time e a adolescente xodó da família.

A final da Copa União de 1987 contra o Inter aconteceria no domingo, e nós pensávamos em um jeito de resolver de forma definitiva a situação. A tática usada por minha família na final do Interclubes foi copiada: inventaram um churrasco na família dela, e todo mundo precisava ir. Mal sabiam que eu e ela planejávamos colocar em prática uma solução radical: iríamos à partida no Maracanã, compareceríamos à grande decisão.

Comprar os ingressos foi a façanha que me coube. Eu tinha as minhas economias. Conseguir permissão para ir ao jogo foi mais difícil, embora papai já tivesse abandonado parte de suas teimas. Quando soube que desejava ir com Mariana, aceitou, em defesa do futebol. Seria uma torcedora a mais nos estádios, outra companhia para debater, se não sobre seu time, sobre a Seleção Brasileira.

Na semana da final, estava tudo pronto. Ingressos nas mãos, aguardávamos ansiosos pela radical libertação. Nada de churrasco, nossa vontade de ir à final estava acima de qualquer coisa. Iríamos assumir para a família dela a nossa torcida para o grande Mengão. Mas um problema com a avó de Mariana nos obrigaria a mudar de planos, e a família também. Dona Casemira teve um princípio de infarto, e o povo foi parar no hospital.

O princípio de infarto, felizmente, não foi nada mais sério. Dona Casemira, contudo, ganhou um quarto no hospital para passar alguns dias. E foi ali que, durante uma reunião de família, contou seus planos: não queria a netinha em churrasco, mas queria, sim, sua companhia ali no hospital naquele domingo, justo na hora do jogo. Mariana perguntou se eu podia ficar junto. A indagação de todos: por quê?

— Porque nós queremos assistir à decisão juntos.

A gritaria foi geral:

— Mas como assim vocês são flamenguistas?

A avó bancou a cisma da família:

— Deixa eles assistirem ao jogo comigo.

Ninguém ousaria contrariar a avó, ainda mais com aquele aspecto moribundo, fragilizada em seu leito. E assim foi. Mariana e eu assistimos àquela grande final juntos da avó, que se recuperava. Vimos o gol de Bebeto, o gol do nosso título, vibramos com aquele timaço, que tinha também Zico e Renato Gaúcho. Aliás, só pudemos assistir à partida porque a avó jurou que não era Flamengo e não sofreria com as emoções do jogo. Passamos a não alimentar mais tanta certeza.

Muitos anos e dezenas de jogos depois, quando Dona Casemira faleceu e virou ancestral, Mariana fez questão: deitou sobre seu caixão de madeira uma pequena bandeira do Flamengo, em sinal de carinho e gratidão. A partir daquele dia no hospital, nunca mais tivemos problemas em nos assumirmos rubro-negros para sua família. Nem para ninguém.

NA RAÇA

JESSÉ ANDARILHO

Sou flamenguista de carteirinha, mas nunca tive carteira do clube, é só um modo antigo de dizer que sou Flamengo até morrer. Mas tenho um medo enorme de morrer, talvez esse tenha sido o motivo de eu nunca ter ido ao Maracanã assistir um jogo sequer do meu Mengão. Prefiro o aconchego do meu lar, com o meu latão e de frente para o meu telão de 60 polegadas comprado em suaves prestações nas Casas Bahia.

Já meu irmão, ele é mais fanático do que eu. Aquele ali vivia arrumando confusão na rua pelo nosso time. Ele era tão fanático que se inscreveu em uma torcida organizada, a Raça Rubro-Negra.

Ele não faltava a nenhum jogo, já perdeu vários empregos pra assistir os jogos do Flamengo aqui no Rio de Janeiro e até jogos em outros estados. Ia nos ônibus tocando seu tambor, que era maior do que ele, naquela sintonia, tambor tão bom que bateu ou bateria. Rapidamente, ele entrou para o grupo da bateria da Raça Rubro-Negra.

Eu vivia tirando onda na favela vestindo as camisas dele escondido. Só as usava na área onde a gente morava, mas ele não podia saber, pois ficaria puto da vida se me visse usando o manto sagrado, era como ele chamava cada camisa do Mengão.

Eu tinha amigos que torciam pra vários times, mas isso nunca me importou tanto. Sempre gostei de ir pra praia com meus amigos, a gente só andava em galerão, pois era mais seguro andar assim. A porrada sempre comia na praia naquela época em que a cidade se dividia entre lado A e lado B nos bailes funks, mas a rivalidade sempre saía dos bailes e ia parar nas ruas e, principalmente, nas praias.

Ser jovem naquela época era um dilema. Onde que você estivesse, sempre vinha alguém perguntando em que lugar você morava, e a gente sempre tinha que dizer algum nome de bairro que fosse neutro, pra não entrar na porrada à toa só por morar em região diferente dos possíveis agressores.

Eu sempre fui bom de papo e conseguia me esquivar desse medo de andar pelas ruas e ser confundido com alemão. O que me dava uma boa circulação era o fato de eu ser um pichador conhecido na cidade, e pichadores tinham um certo carimbo no meio da malandragem que permitia um passe livre nas áreas.

Meu irmão, que era totalmente diferente de mim, muito estudioso e ficava pouco na rua, só saía pra trabalhar, pras reuniões da Raça Rubro-Negra e pros jogos. Ele estava tentando arrumar um emprego no setor público, vivia fazendo as provas, mas nunca passava. Até que um dia ele se inscreveu para a prova da PM. Ironia do destino, ele, que vivia cantando a música "Porcos fardados" do Planet Hemp, acabou passando na prova da polícia e, como não tinha outra opção de trabalho naquela época, aceitou o chamado e foi para o curso de formação policial.

Lembro-me como se fosse hoje: eu estava chegando em casa todo sujo porque tinha jogado bola com meus amigos o dia inteiro na chuva e, assim que abri a porta da sala pra entrar em casa, bati de frente com meu irmão separando as camisas da Raça e as colocando em uma sacola do Guanabara com os olhos cheios de lágrimas.

— Qual foi, mano? O que foi que aconteceu?

— Porra, hoje eles disseram lá no curso que a gente não pode fazer parte de nenhum grupo e muito menos de torcida organizada, é contra o regulamento.

— E tu vai seguir essa porra de regulamento?

— Eu tenho que seguir, cara. Não vou correr o risco de ser expulso, vou ficar lá na moral — respondeu, enquanto se despedia das camisas.

— Então arruma essas camisas aí pra mim, porra.

— Tá maluco? Você não merece usar, não tem disposição nenhuma, nunca foi ao Maraca. Se os caras das outras torcidas te pegam na rua, você vai ser esculachado e ainda vão fazer vídeo queimando o manto sagrado, e eu vou ficar puto com você e vou te comer na porrada.

Não argumentei e deixei ele descarregar as emoções falando sozinho, entrei no banheiro pra tomar meu banho e, quando fui jogar minha roupa no cesto de roupas sujas que ficava embaixo da pia, dei de cara com a camisa mais maneira que ele tinha. Era branca, com a manga e a gola com uma faixa vermelha e preta e tinha escrito "Raça Rubro-Negra" no lado esquerdo do peito, e atrás, estampado bem grande, "Bateria Raça Rubro-Negra".

Não sei o que meu irmão fez com as outras camisas, só sei que naquela ali ele não ia mexer. Tomei meu banho e enrolei a camisa junto com a toalha no meu corpo e fui pro meu quarto enquanto o homem da lei sofria pela perda dele.

Meu irmão se mudou da favela quando o curso estava terminando, alugou uma casa em Paciência. Com isso, eu conseguia usar a camisa da Raça tranquilamente na favela, mas só ficava por ali.

Até que um dia, me programei pra ficar de rolé só no pistão. O Flamengo tinha vencido naquele dia, e resolvi usar a camisa pra tirar onda na favela. Parei na barraca de churrasquinho de gato, pedi um misto e um latão de Antarctica. De repente, meus amigos foram chegando e o Diego disse que estava rolando a festa do Bodegão em Santa Cruz. O Birinha disse que estava com a Kombi do trabalho dele, e foi aí que nós três partimos para a festa com a porta de trás da Kombi aberta e geral zoando as pessoas na rua. Foi uma bagunça só até a gente chegar no local da festa.

Assim que chegamos no Bodegão, encontramos o Minado e fizemos uma espécie de corredor no meio da festa, com dois de cada lado, deixando um espaço pras pessoas passarem, e ali formamos uma armadilha pra atrair as presas. Quando as minas passavam pela gente, era uma chupação de baba pra lá, um psiu pra cá, uns puxões suaves no cabelo de um lado e umas frases do tipo "oh lá em casa" do outro.

Eu, modéstia à parte, era um dos mais brabos no desenrolo, e naquela época eu não sabia o que era um "não"; argumentava até virar um "sim", e quase sempre virava. Eu era muito insistente. Só sei que saí de perto deles enquanto desenrolava com a gata. Ela acabou aceitando, e ficamos nos beijando no paredão da Faetec por alguns minutos.

Quando eu estava me despedindo da gata pra procurar meus amigos, bati de frente com dois caras com a camisa da Força Jovem do Vasco. Passei por eles palmeando a camisa deles, e eles fitando a minha. O bagulho ficou doido e o clima ficou tenso. Confesso que comecei a procurar rotas de fuga pra sair correndo, meu coração acelerou, e só passava na minha cabeça as coisas que meu irmão tinha falado sobre o vídeo da camisa pegando fogo e eu entrando na porrada quando ele me encontrasse. Mas tentei fingir uma coragem que nunca tive e olhei para os dois de cara feia.

Encontrei com meus amigos mais adiante, a festa já não estava tão cheia como no início. Contei pra eles sobre os caras da Força e ficamos na atividade os procurando com os olhos, até que achamos os dois conversando com um grupo com mais trinta caras, que olhavam pra gente sem parar. Pedi pro Birinha preparar a Kombi pra gente sair de fuga. Eu não podia sair correndo do nada, mas também não ia pagar pra ver.

De repente, um dos caras que estavam conversando com os malucos da Força Jovem do Vasco veio caminhando lentamente na nossa direção. Eu estava quase me cagando, mas o cara que estava vindo estava usando uma camisa do Flamengo. Não de torcida organizada, mas era do Mengão.

O cara parou de costas pra gente bem na nossa frente e me fez uma pergunta por cima dos ombros:

— Vocês são da Raça Rubro-Negra?

Antes de decidir pra onde correr, respondi:

— Por quê?

O cara virou de frente pra mim e disse:

— É que eu sou da Raça também e vim pedir uma ajuda de vocês. Aqueles dois caras ali, da Força do Vasco, são amigos nossos e cria aqui da área. Eles disseram que vocês querem pegar eles.

Foi aí que a minha bosta voltou pro cu e uma coragem brotou do além. Olhei bem dentro da cara do flamenguista e respondi:

— Se você tá pedindo, vou te dar essa moral. Pode dizer pra eles ficarem tranquilos que hoje ninguém vai pegar eles enquanto eu estiver aqui.

— Tâmo junto!

MINIBIOS

Organizador

ANDRÉ SALVIANO nasceu em Nova Iguaçu (RJ), em 1978. Mestre em Literatura Brasileira pela UFRJ. Foi finalista do Prêmio UFF de Literatura na categoria contos em 2009. É autor de *amoridades* (Rubra, 2017), livro de contos. Participou como organizador e autor da antologia de contos *Clube da Leitura* volume 4 (Rubra, 2017). Teve contos publicados nos livros em homenagem aos 80 anos do Martinho da Vila (*Conta forte, Conta Alto*; Flup e Funarte, 2019), *LER Novos Autores* (Jaguatirica, 2019) e em duas antologias *Off Flip* (2021 como finalista e 2022). Esteve presente nos 5x0 da semifinal da Libertadores contra o Grêmio em 2019, com o Maracanã lotado, partida que considera uma das maiores aulas de futebol dos últimos tempos. Além de organizar essa antologia de ficção sobre o Flamengo, também assina um dos contos do livro. Atualmente cursa o doutorado no Programa de Pós-Graduação em Ciência da Literatura, na Universidade Federal do Rio de Janeiro.

Autores

BERNARDO BUARQUE DE HOLLANDA é filho de exilados políticos e, por isso, nasceu em São José, na Costa Rica, em 1974. É a ovelha rubro-negra de uma família de tricolores cujo tio-avô jogou no Fluminense e na Seleção Brasileira dos anos 1910. É sociólogo do esporte, historiador do futebol e professor-pesquisador da Fundação Getulio Vargas (FGV CPDOC). Testemunhou a conquista do Campeonato Brasileiro de 1992, num Maracanã apinhado com mais de 155 mil torcedores.

CARLOS EDUARDO PEREIRA é da Ilha do Governador (RJ), flamenguista de pai e mãe desde que nasceu, no já distante 1973. É autor dos romances *Enquanto os dentes* (2017) e *Agora agora* (2022), ambos publicados pela editora Todavia. Estava presente no Maracanã em 8 de novembro de 1981, insistindo para ficar até o último dos gols no 6 a 0 sobre o Botafogo, atitude que ainda hoje é lembrada nos almoços de família.

CAROLINA WALLITER nasceu no Rio de Janeiro (RJ), em 1989. Historiadora de formação (e coração) pela Universidade Federal Fluminense (UFF), nas horas ocupadas, é tradutora. Teve textos e contos publicados no livro *Pátria armada*: retratos de um Brasil distópico (Acaso Cultural, 2022), na revista *O'Cyano* (2022), na antologia *Off Flip* (2022) e em *Capitolina*: o mundo é das garotas (Companhia das Letras, 2016). É rubro-negra por parte de pai, mãe e padrinho e tem saudades do que não viveu no Maracanã.

CECILIA GIANNETTI nasceu no Rio de Janeiro no ano em que o Flamengo venceu a Seleção Brasileira por 2 a 0. Finalista do Prêmio São Paulo de Literatura com o romance *Lugares que não conheço, pessoas que nunca vi*, tem contos publicados pelas editoras Record, Mórula, Rocco, Ediouro, Flaneur, PubliFolha e Scipione, e foi traduzida na Alemanha e na Itália. Ex-colunista dos jornais *Folha de S.Paulo*, *Destak*, *Tribuna da Imprensa* e *Correio Popular*, desde 2013, atua como roteirista.

DANIELLE SCHLOSSAREK nasceu no Rio de Janeiro, em 1975. É flamenguista desde criança por influência de seu avô materno, com quem aprendeu as regras do jogo de futebol e, o mais importante, a torcer e a amar o Flamengo. É doutora em literatura brasileira pela UERJ e autora de *Irene na multidão* (Oito e Meio, 2013), livro de contos. Participou de diversas coletâneas, dentre as quais: *Clube da leitura*: volumes 1, 2 e 3 (2009, 2012 e 2015), *Caneta, lente e pincel* (Flâneur, 2011), *Para Copacabana com amor* (Oito e Meio, 2013) e *Vou te contar*: 20 histórias ao som de Tom Jobim (Rocco, 2014). Como integrante do coletivo *Caneta, Lente e Pincel*, participou de exposições no Centro Cultural da Justiça Federal (2012), no Monumento a Estácio de Sá (2013) e no MAM (2014).

FLÁVIO IZHAKI é autor de quatro romances: *De cabeça baixa* (Guarda-Chuva, 2008), *Amanhã não tem ninguém* (Rocco, 2013, semifinalista do Prêmio Portugal Telecom), *Tentativas de capturar o ar* (Rocco, 2016, finalista do Prêmio São Paulo de Literatura) e *Movimento 78* (Companhia das Letras, 2022). Já participou de uma dezena de coletâneas de contos. Assistiu à final da Libertadores de 2019 sozinho, abraçado a uma foto do pai e a um paninho da sorte que a filha costurou. Chorou como se não houvesse amanhã.

HENRIQUE RODRIGUES nasceu no subúrbio do Rio de Janeiro, em 1975. É curador de programações literárias e consultor para projetos e programas de formação de leitores. Formou-se em letras pela UERJ, cursou especialização em jornalismo Cultural pela UERJ, mestrado e doutorado em letras pela PUC-Rio. Já foi atendente de lanchonete, balconista de videolocadora, professor, superintendente pedagógico da Secretaria de Estado de Educação do RJ, coordenador pedagógico do programa Oi Kabum! e gestor de projetos literários no Sesc Nacional. É diretor do Instituto Caminhos da Palavra, idealizador do Prêmio Caminhos de Literatura e curador do Prêmio Pallas de Literatura. Publicou 24 livros, entre poesia, infantis, juvenis e romances, tendo sido finalista do Prêmio Jabuti duas vezes. É colunista do portal PublishNews. Divide a alegria de ser flamenguista com o caçula Pedro, com quem joga Fifa quase todos os dias..

JEOVANNA VIEIRA nasceu flamenguista por parte de pai, no Espírito Santo, em 1985. Formada em jornalismo, se especializou em jornalismo cultural na Universidade Estadual do Rio de Janeiro (UERJ). Atualmente cursa pela Casa Tombada a pós-graduação: "O livro para a infância — Processos contemporâneos de criação, circulação e mediação." Em 2023, publicou seu primeiro livro, *Deserto sozinha* (Pedregulho). Em 2024, estreou como romancista com *Virgínia mordida* (Companhia das Letras). Atualmente, mora nos Emirados Árabes Unidos com seu marido vascaíno. Até o fechamento desta edição, os filhos, Joaquim e Bento, ainda são disputados pelas duas torcidas e avaliam as melhores propostas.

JESSÉ ANDARILHO é escritor, roteirista, carioca, pai do Davi, da Geovanna e do Arthur. Produtor cultural e presidente do instituto Marginow. Autor dos livros Fiel (Objetiva, 2014), *Efetivo variável* (Alfaguara, 2017), *Super protetores* (Leia para Uma Criança — Itaú). Em 2020, teve sua história narrada na coleção Cabeças da Periferia com o livro *A escrita, a cultura e o território* (Cobogó, 2020). Em 2019, ocupou um posto policial recém desativado na favela de Antares e transformou o espaço em uma biblioteca comunitária. Ainda não viu o Flamengo no Maracanã, segue aguardando convite.

JULIO LUDEMIR nasceu no Rio de Janeiro (RJ), mas foi criado em Olinda (PE). Estudou jornalismo, mas nunca concluiu o curso. Tem dez livros publicados, a maioria dos quais ambientada nas favelas cariocas. A reportagem *Rim por rim* foi finalista do Prêmio Jabuti de 2008. É um dos roteiristas de *400 contra um*, que o cineasta Caco de Souza adaptou da autobiografia de William da Silva Lima, um dos criadores do Comando Vermelho. É um dos idealizadores da Flup, festa literária cuja principal característica é acontecer em favelas cariocas, com a qual ganhou o prêmio Faz Diferença (2012) do jornal *O Globo*, o Excellence Awards (2016), da London Book Fair, o Retratos da Leitura (2016), do Instituto Pro-Livro, e o Jabuti de Incentivo à Leitura (2021). Também é um dos idealizadores da Batalha do Passinho, que levou para Londres e Nova York. Com os dançarinos do Passinho, criou o espetáculo Na Batalha, primeiro grupo de funk a se apresentar no Teatro Municipal do Rio de Janeiro, tema de documentário que estreou em 2016.

LEONARDO VILLA-FORTE nasceu no Rio de Janeiro (RJ), em 1985. Publicou *Escrever sem escrever: literatura e apropriação no século XXI* (Relicário, 2019) — menção honrosa na categoria Literatura Brasileira de não ficção no Prêmio Casa de Las Américas 2020, em Cuba —, *O princípio de ver histórias em todo lugar* (Oito e Meo, 2015), *O explicador* (Oito e Meio, 2014), Hotel (Amazon, 2019), entre outros. É autor da série *MixLit*: o DJ da literatura, e dos murais urbanos do *Paginário*. Publicou ficções na revista Época, no jornal *Folha de S.Paulo*, na revista *Pessoa* e contribuiu com ensaios para as revistas *Piauí* e *Serrote* e para o *Suplemento Pernambuco*, entre outros. Não lembra como chegou em casa na noite do tricampeonato estadual, após o gol de Petkovic.

MANU DA CUÍCA é escritora e compositora com cerca de trinta músicas gravadas, um musical encenado, premiações em dois festivais e oito textos, entre contos e crônicas, publicados em coletâneas. É autora dos sambas da Mangueira de 2019 e de 2020, letrista do disco *Rueira* e das músicas "Virada" e "Pra matar preconceito". Tem músicas gravadas por Maria Bethânia, Leci Brandão, Marina Iris e Péricles, entre outros artistas. Formada em letras pela Uerj e cria do bar Bip-Bip, é filha de uma meia-ponta com um ponta de lança e sente muita saudade das arquibancadas de cimento efervescidas num gol do Mais-Querido.

MARCELO DUNLOP gosta de samba, crônica e futebol, de preferência no mesmo domingo. É zero supersticioso, mas, por via das dúvidas, submeteu seu conto com a cueca de 2019. Nega a fama de saudosista, apesar de achar que aquele menino, o doutor Rubens, teria vaga hoje no Mengão. Jornalista esportivo, sua maior obra literária foi um abaixo-assinado para fazer da Tubira a rua Carlinhos Violino, no Leblon. Após um sinal da cruz, adentrou confiante o campo das letras, e a reação dos leitores foi imediata. Mas ele nem ligou e continuou escrevendo. Lançou *Veríssimas* (Objetiva, 2016), *Crônicas flamengas* (Jovens Escribas, 2020), *O mau humor de chuteiras* (Mórula, 2022) e *O homem que morava no Maracanã* (Jovens Escribas, 2023).

MARCO ANTONIO MARTIRE é carioca e escritor. Participou das coletâneas de contos *Clube da leitura*, volumes 3 e 4 (Rubra, 2017), *Escritor profissional*, volume 1 e Off Flip 2022. Publicou o livro de contos em *Capoeira Angola mandou chamar* (FCCR, 2000), Prêmio Lucilo Varejão de melhor livro inédito de ficção em 1999. *O gato na árvore* (Moinhos, 2018) é seu livro de crônicas. Participou da antologia *Poemas cariocas* (Ibis Libris, 2000).

Lançou os romances *Decidida* (Ibis Libris, 2022) e *Entre muitas vozes* (Kindle, 2023). Não pôde estar presente na final de 1987, mas em 1992 viu, no Maracanã, o Flamengo dar um baile no Botafogo e se tornar o primeiro pentacampeão do Brasileirão.

PAULA GICOVATE é escritora e roteirista. É autora dos romances *Notas sobre a impermanência* (Faria e Silva, 2021), semifinalista do Prêmio Oceanos 2022, e *Este é um livro sobre amor* (Mapa. Lab, 2022). Nascida em Campos dos Goytacazes, já foi expulsa da tribuna do Americano por comemorar um gol do Flamengo.

RAPHAEL VIDAL é pai de quatro rubro-negros e marido de uma flamenguista pé-frio. Escritor, editor, produtor cultural e dono de botequins, criou a revista *Bagatelas!*, o Fim de Semana do Livro no Porto, o Festejos Cariocas, a Casa Porto, o Bafo da Prainha e o Dois de Fevereiro. É autor de *O livro do pai chato* (Memória Visual, 2014) e *Algum lugar para cair e fechar os olhos de vez* (Pallas, 2019), organizador e autor do *Porto do Rio do início ao fim* (Rovelle, 2012) e um dos autores das coletâneas *O meu lugar* (Mórula, 2015), *40 vozes do Rio* (e-papers) e *Larica carioca* (Rio de Letras, 2015).

RODRIGO SANTOS é pai, marido, flamenguista, escritor, professor, roteirista e corredor de rua assintomático. Autor dos romances policiais *Macumba* (Mórula, 2019) e *Fogo nas encruzilhadas* (Periferias, 2022) e do livro de contos *Carcará* (Malê, 2021), publicou ainda *Máscaras sobre rostos descarnados e Brechó de almas* (poesia; Muiraquitã, 2023); *Se o medo tivesse um som* (noveleta; Mórula, 2020), além de figurar em dezenas de coletâneas, no Brasil e na França. Jogou bola com Zico e já viu um peixe-lua.

ROMULO NARDUCCI nasceu em Niterói, mas é cria de São Gonçalo (RJ). Flamenguista, portelense, poeta, escritor, compositor e integrante da banda Flores de Plástico, é um dos idealizadores do tradicional evento Uma Noite na Taverna, surgido em São Gonçalo, 2004. Foi curador da 1ª FLIPORTELA (Festival Literário da Portela), em 2019. Publicou cinco livros de poesia, sendo os dois últimos *Me dê um tiro, mas não me venha com poemas de amor* (Patuá, 2021) e *No céu não há estrelas-do-mar* (Apologia Brasil, 2023). Publicou o livro de contos *Angustiolândia — Ou de bares, ruas e bordeis* (All Print, 2015). Participou de diversas coletâneas de poesias e contos, com destaque para as publicações *FLUP pensa – 43 novos autores* (Aeroplano, 2012), *Conta forte, conta alto* (Fl e Funarte, 2018) e *Contos para depois do ódio* (Flup e Mórula, 2020).

SÉRGIO RODRIGUES nasceu em 1962 em Muriaé (MG) e vive desde 1980 no Rio. Publicou, entre outros livros, os romances *A vida futura* (2022), *O drible* (Grande Prêmio Portugal Telecom 2014) e *Elza, a garota* (2009), além das coletâneas de contos *O homem que matou o escritor* (2000-2022) e *A visita de João Gilberto aos Novos Baianos* (2019), todos pela Companhia das Letras. Tem livros lançados na França, em Portugal, na Espanha e nos EUA. Fumou uns cigarros com Sócrates na Gávea enquanto Zico, de volta da Udinese, participava do papo a certa distância por causa da fumaça. Não, a promessa de glória daquela dupla não se cumpriu, mas como era bonita.

SIMONE MOTA nasceu no Rio de Janeiro (RJ), em 1974. Organizou a antologia *Respirar*: a emergência é essa (2020, Solo). É uma das autoras do livro *Quilombo do Lima*, publicado pela Malê em homenagem a Lima Barreto (Flup, 2023) e tem uma crônica publicada na antologia *Contágios* (Visgarolho, 2022). Foi finalista do Prêmio UFF de Literatura na categoria poesia em 2014. Tem mais de dez livros de literatura infanto-juvenil publicados, dois deles em francês. Com o livro *Frederico, Frederico...* (Editora do Brasil, 2021), recebeu o prêmio Selo Cátedra PUC 2021. Foi com Raimundo Nonato, seu pai e flamenguista apaixonado, que aprendeu desde pequena a torcer e vibrar pelo Flamengo. Hoje repete a missão com seus filhos.

TIAGO VELASCO nasceu em 1980 no Rio de Janeiro (RJ). É escritor, jornalista e doutor em literatura. É autor de *Romance* (Opera, 2022), *Petaluma* (Oito e Meio, 2015), *Prazer da carne* (Multifoco, 2008) e *Novas dimensões da cultura pop* (Luminária, 2022). Também participou de diversas coletâneas de contos. Em 2019, foi um dos vencedores do concurso de contos LER Novos Autores; em 2015, conquistou o 4º lugar no Prêmio Off Flip de Literatura na categoria contos. É curador da plataforma Máquina de Contos e membro do júri do Prêmio Literário Máquina de Contos. Aos 11 anos, chorou no Maracanã em um 2 a 2 que decidiria a Taça Rio entre Flamengo e Botafogo.

Este livro foi impresso nas oficinas gráficas da Editora Vozes Ltda.,
Rua Frei Luís, 100 – Petrópolis, RJ.